二・二六事件 引き裂かれた刻《とき》を越えて

青年将校・対馬勝雄と妹たま

寺島英弥［著］
Terashima Hideya

図書出版
ヘウレーカ

まえがき

その朝から、八三年、「忘れない」ことを心に決めたように生きた女性がいた。「兄のすべてを記憶する」という使命を自らの人生に課したように、ノートに記し、手紙につづり、二〇一九年六月に一〇四歳で逝くまで、八三年間、兄を語り続けた。

波多江《はたえ》たまさん。一九三六（昭和一一）年七月一二日朝、二・二六事件で死刑判決を受けて銃殺刑となった青森市出身の青年将校、対馬勝雄《つしまかつお》の六歳下の妹だ。

わずか五〇〇部が世に出た『邦刀遺文』という本がある。勝雄の短い生涯の記憶を残そうと、遺族が戦後になって自費出版した。長い手記を書き、編集の中心になったのが、たまさん。河北新報記者時代の私が、東北の歴史を主題にした新聞連載の取材の中で知り、弘前市の自宅に初めて訪ねたのが一九九九（平成一一）年だった。

二・二六事件は「昭和の大凶作」の時代を背景に、青年将校たちが「農村救済」を旗印の一つに掲げて蹶起《けっき》した。が、激烈な訴えの獄中手記を残した磯部浅一《いそべあさいち》、首相官邸を先頭に立って襲撃した栗原安秀《くりはらやすひで》、歩兵第三連隊を動かした安藤輝三《あんどうてるぞう》らのような首謀者ではない勝雄のことは、ほとんど知られていなかったのではないか。

その時たまさんが話したのは、悲劇の軍人譚《たん》ではなく、津軽の農家出の貧乏所帯ながら、義俠心篤い父、優しく明るい母、仲の良い四人兄妹の浜の町の暮らしだった。親孝行で聡明で妹思いの兄の肖像を、今もここに生きているかのように物語った。

そして、「遺族は長い間沈黙を強いられたけれど、事件をやっと公に語れる時代になった」、「『私心』というものがなく、貧しい人々を助けたい一心で立ち上がった兄の真実を伝えたい」と、戦中戦後を通して胸に秘め続けた思いを吐露した。

妹の心情を、私は連載の一本にまとめた。喜んでもらえたが、千余文字ではとても伝えきれぬ悔いが残り、それからも弘前訪問を重ねて、「お兄さんの本をいつか、たまさんに読んでもらいますね」と約束までした。しかし、二〇一一年三月一一日に起きた東日本大震災、福島第一原発事故がそれからの歳月、福島出身の私を被災地取材に明け暮れさせた。たまさんは、原発事故や今の時代の政治に、自ら知る戦前の暗部を重ねた警句を込めながら、私に励ましの手紙を毎月のようにくれた。そこにも勝雄の思い出をつづり、やがて兄のもとへ旅立った。

再び悔恨に襲われた私に、娘の多美江さんから送られてきたのが、勝雄の手紙や写真と、たまさん自筆の大学ノート十数冊分のメモ。『邦刀遺文』の基になったもので、鉛筆書きで勝雄と家族の歴史がつづられ、たどたどしいが、あの時代に居合わせた者だけの克明な描写、生の感情と肉声が数々息づく。伝えたい執念が残した『記憶のノート』と、後を託された私は名付けた。津軽の浜から二・二六事件まで、兄と妹の生きた軌跡を読み解くことから本書が生まれた。

目次

第二章　貧しき暮らしと軍人　61

第三章　津軽義民への道　107

第四章　分かれ道の兄妹　163

凡　例

・作中の人物の年齢は取材当時のものである。
・引用文の旧字は新字に改めた。また、適宜ふりがなを振った。
・引用文中の［　］は筆者による注記である。
・写真にクレジットのないものはすべて筆者による撮影である。

第一章　遺族の苦悩、声なき伝言

第一節　死の床で描いた処刑の朝

鬼気迫る絵

「母が、絵のようなメモを残したんですよ。亡くなる少し前、何かを一生懸命にベッドでかいていて。私は初めて目にするものでした」

青森県弘前市に住む波多江《はたえ》多美江さん（七〇歳）から、こんな電話をもらったのは二〇一九年七月七日だった。

前月二九日、老衰のため一〇四歳で眠るように他界し、お葬式が四日前に行われたばかりの母親、波多江たまさんの遺品だという。速達で送られてきた「メモ」は、掛かり付け医院の領収書の裏にかかれた、子どものような筆致の鉛筆画だった。三角屋根らしいものが五つ並んだその絵を眺めるうち、にわかに鬼気迫るものが込み上げた。私がこれまで、たまさんから何度となく語り聞かされた情景だったからだ。

五つの三角屋根は、五張りのテント。中に長方形の箱が描かれ、その前にたくさん並んだ〇印は人の列らしい。鉛筆を握る力も弱くなっていたのか、少し震えたような字のメモはこう記してあった。

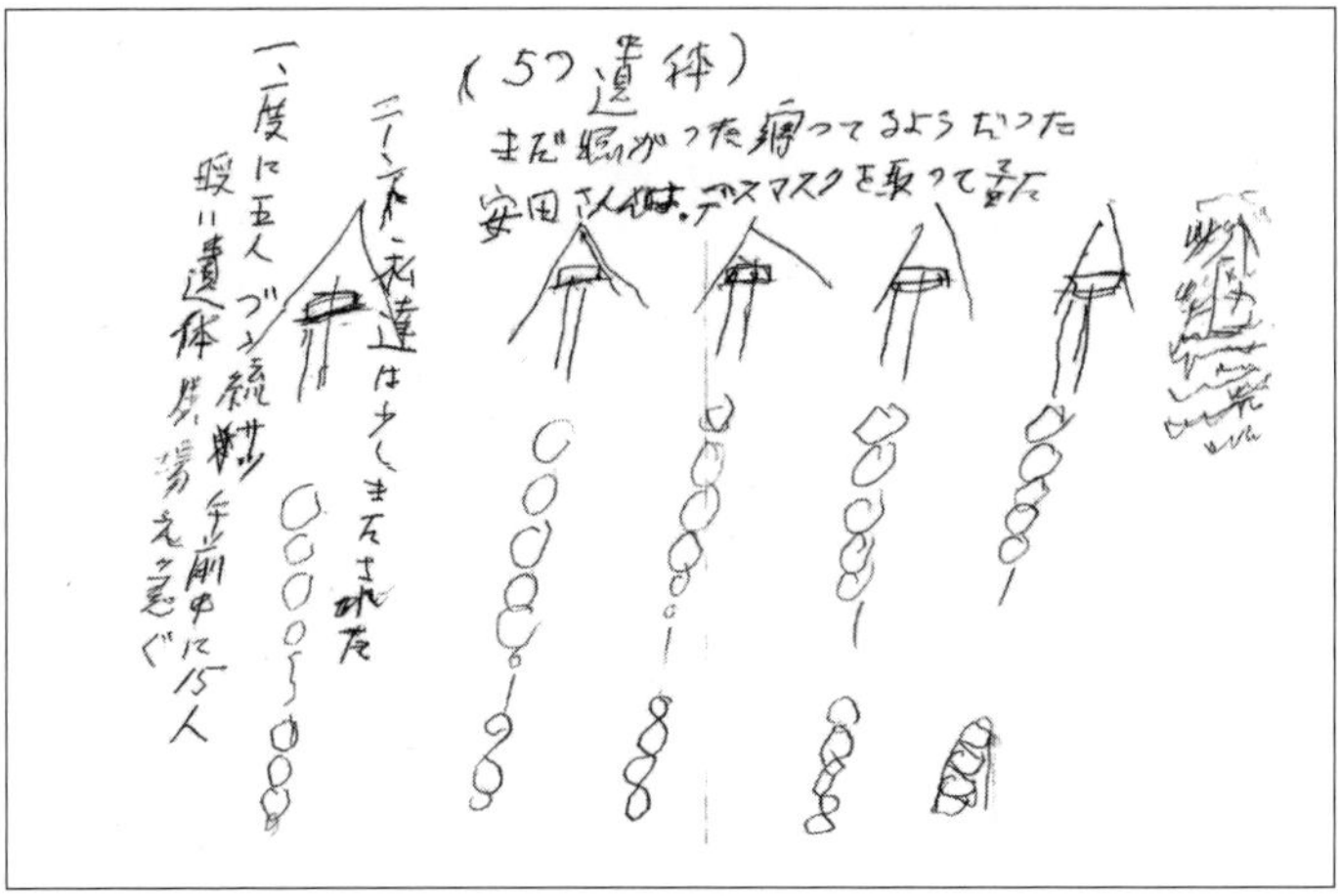

たまさんが残した絵とメモ。青年将校らの処刑後の遺体引き渡し所（波多江たまさん提供）

「5つ 遺体」
「まだ暖［か］かった寝［ねむ］ってるようだった」
「安田さんは、デスマスクを取っていた」
「テント 私達は少し待たされた」
「一度に五人づつ銃サツ［殺］ 午前中に15人」
「暖［か］い遺体 焼場え［へ］急ぐ」

読み取れた場面は一九三六年の七月一二日の朝。現在の東京都渋谷区宇田川町の渋谷税務署やNHK放送センターの一部に重なる場所で、一五人の青年将校らが銃殺された。

戦前は代々木練兵場に面して陸軍衛戍《えいじゅ》刑務所があり、処刑場はその一角だった。

彼らは同年二月二六日の早朝、武装した一四八三人の兵士を率いて首相官邸などを襲撃し、昭和天皇の重臣であった斎藤 実《まこと》内大臣、高橋是清《これきよ》蔵相や同じ陸軍の渡辺錠太郎《じょうたろう》教育総監らを殺害。永田町、三宅坂、溜池山王、赤坂見附などの一帯を占拠したが、昭和天皇の怒りを招き、反乱部隊として二九日に鎮定された。

青年将校らと民間人の参加者は、東京陸軍軍法会議の「非公開、弁護士なし、一審のみ」の裁判に掛けられ、七月五日、「首魁」や「謀議参与又は群衆指揮」の罪状に問われた一七人に死刑判決が下された（八月一四日、さらに民間人二人に死刑判決）。

処刑はわずか七日後の七月一二日。

衛戍刑務所の北西隅に五列の壕が掘られ、煉瓦塀を背に正座用の十字架が立てられ、約一〇メートルの距離で銃架が据えられた。小銃がそれぞれ二挺固定され、額への一発目で即死しなければ心臓へ二発目を撃つよう照準されたという。

その朝に処刑されたのは一五人。遺族の河野司（故人）が編んだ記録集『二・二六事件』（日本週報社、一九五七年）に所収された当日の処刑指揮官の一人、山之口甫（歩兵大尉）の証言によると、青年将校らはカーキ色の夏外被姿で目隠しをされ、監房から五人ずつ刑場に連行された。

午前七時に、香田清貞《こうだきよさだ》歩兵大尉、安藤輝三《あんどうてるぞう》歩兵大尉、竹島継夫《たけしまつぎお》歩兵中尉、対馬勝雄《つしまかつお》歩兵中尉、栗原安秀《くりはらやすひで》歩兵中尉。「天皇陛下の万歳を三唱しよう」と香田大尉が呼びかけ、「天皇陛下万歳」の三唱が続いた後、射撃指揮官の手の合図で一斉に引き金がひかれた。

同七時五四分には丹生誠忠《にうよしただ》歩兵中尉、坂井直《さかいなおし》歩兵中尉、中橋基明《なかはしもとあき》歩兵中尉、田中勝《たなかまさる》砲兵中尉、中島莞爾《なかじまかんじ》工兵少尉、最後は同八時三〇分に安田優《やすだゆたか》砲兵少尉、高橋太郎《たかはしたろう》歩兵少尉、林八郎《はやしはちろう》歩兵少尉、民間活動家の渋川善助《しぶかわぜんすけ》、水上源一《みなかみげんいち》が銃弾を受けた。外の代々木練兵場から、処刑の音をカムフラージュするような演習部隊の射撃音がひっきりなしに聞こえたという。

一部始終を実見した刑務所看守、林昌次の証言によれば、

「[銃弾の]発射後、軍医駆けつけ脈をとる。絶息せば死体収容所に運んで並べ清拭して、更に安置所に運んで遺族に渡す」（『二・二六事件』）

という手続きが取られた。波多江たまさんは、処刑された青年将校の一人、青森県出身の対馬勝雄歩兵中尉（享年二八）の妹だ。

安置所とは、刑務所の外に仮設された五張りの三角屋根のテントのことであろう。

不思議な絵とも見えるたまさんの遺品は、当時は極秘とされて写真も残されていない場面を焼き付けた「記憶の証言」だった。

（二回目の処刑は翌一九三七年八月一九日、いずれも「首魁」とされた村中孝次《むらなかたかじ》元陸軍歩兵大尉、磯部浅一《いそべあさいち》元陸軍一等主計、民間人の西田税《にしだみつぎ》元陸軍少尉、北一輝（＝輝次郎）が銃殺された。）

兄、対馬勝雄中尉

『邦刀遺文』という書物に出会った。「邦刀《ほうとう》」と号した対馬勝雄中尉への、妹のたまさんら遺族の追憶と、旧仙台陸軍幼年学校に入った一四歳から死までの日記や手紙、旧満州での従軍日誌などを上下巻に編んだ。一九九一（平成三）年に世に出たという。

「なぜ、二・二六事件から半世紀以上も過ぎてから……」

それを問うため、弘前に向かった。出版から八年後、「河北新報」の記者をしていた時のことだ。

「あの事件の後、対馬の妹であることを隠して生きてきた」

たまさん（当時八四歳）は、語り始めた。

「戦前は、天皇に弓を引いた『国賊』、敗戦後は『軍国主義の先兵』と言われ続けて」

二・二六事件を扱った本だけは出版の度、ひそかに読んだ。が、さまざまな〝真相〟の誤りを見つけては、「兄の真実を伝えたい」との思いを募らせたという。

「『私』なく、貧しい人々を思う、優しい兄でした」

この一文は、同紙連載『時よ語れ　東北の20世紀』第六回に載った「リンゴ花　解かれた時の封印　二・二六に散った兄の真実」（一九九九年八月五日）という記事の冒頭だ。

たまさんを弘前に訪ねたのが連載開始の半年前だった。世紀の遷《うつ》り目に東北の一〇〇年史をたどる取材行で、二・二六事件に参加し処刑された対馬中尉の名と、当時八四歳の妹さんの健在を初めて知った。遠い暗い時代の歴史の本に記された事件を、そして、大凶作と貧困の東北から蹶《けっ》起《き》した兄を、いまも終わらずここにある出来事、いまもここで共に息づく家族として語るたまさんに、生涯を懸けて「当事者の真実」を伝える使命を背負った人の覚悟を見た。

以来二〇年、春夏秋冬の岩木山を仰ぐＪＲ奥羽本線の電車で仙台から弘前へ何度旅し、会うたびに遠くなる耳に「たまさん」と呼びかけながら兄と事件の話を聴かせてもらったか。

毎朝の新聞やテレビのニュースを欠かさず確認し、この時代、この社会、この国の政治の有様を見つめる視線の鋭さ、厳しさ、若い世代の行く末を憂うる言葉の重さ、深さは、まさに百余年を生きて、兄が殉じた戦前の昭和という時代を重ねて見ることのできる人ゆえだ、と感じた。

未来を左右する政治への厳しい問い、平和の大切な価値を若い世代に語る長文の新聞投稿コラムを寄せてくれたこともある。そして、折々にもらった手紙は七〇通を超える。娘の多美江さんから「母がいよいよ危ない」と伝えられてから、それらの手紙を読み返した。

二・二六事件の真実とは

東日本大震災、東京電力福島第一原発事故の取材に私が明け暮れていた二〇一二年。七月三日

波多江たまさん。元気に外出した姿の最後の写真。2019年4月8日、青森県弘前市の自宅前

の消印で届いた手紙は、たまさんの好物、山形のサクランボを送ったことへの礼状だった。被災地の人々への心配と見舞いの言葉、東北の実りの季節の話題から、手紙は突然、「さて、サクランボを前にして兄の思い出がよみがえりました」と二・二六事件の記憶へ続いていった。

「今すぐ亦《また》七月十二日が〔事件の刑死者の慰霊〕法要です。牢〔衛戍刑務所〕に入っている兄に、弘前の小父がサクランボを沢山カゴに入れて東京に来ました。然《しか》しそれは間に合いませんでした。お盆にのせられたサクランボを見つめたまゝ、誰れも手を出さず、口も開かず、只眺めていたのを思い出します」

「軍人は国を守る者と、それをのみ願って死にました。私が今、刑死した若者達のあまりの純真さに驚くと共に、言葉がありません。〔中略〕部下が血を流して得た其の土地〔旧満州のこと〕を、財閥が引き受けて大もうけをしてる其《そ》の何分のいくつかを戦死者の家族に、と云うのが兄達の考えでした。兄は戦地から毎日のように父に便りを送って来ました。それは明日がないと思ってのことでした。従って、功でいただいた物は全部、〔部下の兵士らの〕方々にあげていまして、お金も殆ど其のために使い果たしていました」

「残っている〔兄や青年将校らの〕手紙等を見てびっくりでした。刑死した人の考え方は十人十色でしたでしょうけれど、国を思う心は皆同じだったのです。自己責任を通して亡くなった兄を私は誇りに思っています。〔中略〕そして自分は命以上に国にさゝげる物はない共、そして、このまゝでは日本は駄目になる共、戦争の拡大は望まない共云ってます。只々　天皇と国しか考えていない。其の国を守るには、兵士と其の家族を大事にしなくてはならない」

「今の人々はあまりに、あの頃が判っていません。この事件を追究してゆくと、農民に行きつくのです。お金持ちの子は兵役を逃れていました。戦地に行った兵は農家の子供達が多く、それも一軒から二人も三人も出征しているのです。［中略］農地はどうなりますか。［青森から上京して］二十年近く東京に住んで、戦争で丸裸で［故郷］青森に来た私は、二十年前と少しも変わっていない青森の農家を見て絶句しました。農家なのにお米が食べられない、カヤもない、シラミとノミでアメリカの飛行機よりも困ると母が云いました。［中略］農家の窮状は目をおおうばかりでした」

「兄は何処迄も［天皇］陛下を信じていました。［蹶起に］お許しが出たら、赤飯をたいて祝って下さいと云って亡くなりました。［教育勅語の忠孝の道そのままに生きようとした］兄にしてみれば、この赤飯がせめてもの親孝行だったのでした」

しかし、対馬中尉が最後に願った赤飯は、ついに一家で炊かれることはなかった。

八三年前の光景を語る

古来あるべき天皇親政の理想を妨げ、政治権力と大資本を私し、皇国の行く末を誤らせる元老、重臣、官僚、軍閥などの奸臣を討ち、国家を改造し統帥権の名の下に国防を充実させ、大凶作にあえぐ東北の農村をはじめ国民の窮乏を救う――。

大化の改新や明治維新にならい「昭和維新」断行を掲げた青年将校らの行動は、しかし、「朕が最も信頼せる老臣を悉《ことごと》く倒すは、真綿にて朕が首を締むるに等しき行為なり」と昭和天皇の激しい怒りを招いた（本庄繁侍従武官長『本庄日記・普及版』原書房、二〇〇五年）。

青年将校らは、敵視した陸軍中央の「統制派」から国家反逆の徒と貶《おとし》められて発表され、昭和維新の志を同じくした仲間も根こそぎ暗黒裁判で罰せられ、軍を追われた。彼らの訴えは銃弾と証言封殺によって闇に葬られ、遺族にも沈黙を強いる監視が及んだ。

たまさんの思いは、いまの世の中で起きること、身の回りのささやかな出来事も、兄と二・二六事件、それを生んだ苦難の時代への記憶につながった。そして、「蹶起」という行動にしか行き着けなかった兄の生きざまと死を、繰り返し手紙につづり、語り続けた。誰よりも兄の純粋さを信じるがゆえの無念と苦痛が、遺体引き渡しの場面を、その象徴のようにたまさんの目と心に焼き付け、一〇四歳になるまでフラッシュバックさせてきたのだろう。

たまさんが亡くなる二カ月と少し前、二〇一九年四月八日に弘前の自宅を訪ねた時も、死に至る病になった喘息のような苦し気な肺の音を漏らしながら、八三年前のあの朝の光景を話した。

「七月一二日の朝は、誰も気づかないくらい静かに霧雨が降っていた。母［なみ。故人］が憔悴したようなすごい顔で、二階から寝間着で降りてきた」

当時、東京で働いていたたまさん、姉タケ（故人）が住んでいた四谷簞笥町の借家でのことだ。死刑判決が発表された七月七日から家族の面会が許され、青森市の生家、対馬中尉の妻の実家の両親らが連日、陸軍衛戍刑務所に通っていた。

五日目の一二日は日曜日に当たり、「面会はお休みです」と看守から告げられていた。しかし、なみはこう話した。

「けさ早く、軍服を着た勝雄［対馬中尉］が枕元に座り、一言も言わずにじっと私を見ていた。別れのあいさつに来たんだ」

そして、階段にへたり込んだまま動けなくなった。なみは霊感が強かった。東北で昔から「シルマシ」と呼ぶ、死者からの知らせだったかもしれない。

ほどなく午前八時ごろ、玄関ががらっと開いて憲兵たちが死刑の執行を伝達に現れ、「遺体を引き取りに来るように」と冷たい事務的な口調で通知書を置いていった。

あまりのことに両親姉妹の誰も口をきけず、炊き上がったご飯も食べられなかった。

しばらくして迎えに来た憲兵の車に、霊柩車を手配して付いていくと、広い原っぱに着いた。代々木練兵場だった。現在の代々木公園から渋谷区宇田川町までの一円を占めた練兵場に衛戍刑務所は接し、その門外に三角のテント群の遺体安置所は設けられていた。

「前の晩からシトシト、音もなく降っていた雨がからりと上がって、濡れた芝草の野に日が差し、まるでダイヤモンドがまかれたみたいにキラキラと光っていた。霊柩車も並んでお祭りのようだった」

たまさんは、その情景がいまも忘れられないと私に語った。

「最初に案内された刑務所の部屋で所長さんが兄の最期の様子を話してくれた。どの将校も取り乱した姿はなく、立派だったと。外の安置所の前には他の遺族たちも並んでおり、順番で私たちが案内されたテントの中に、木のテーブルに載った白木の寝棺があった」

供養続ける「仏心会」の人々

八三年前も、ちょうどこんな梅雨空だったのだろう。細かい霧のような雨が、衛戍刑務所の処刑場があった場所を濡らしていた。

二〇一九年七月一二日の午前九時すぎ。渋谷税務署の角の緑の中、右手を天に掲げて観音像が立っている。

台座を囲む赤いレンガの壁は、銃声が響き渡った朝そのままに処刑場を生々しくしのばせる。白い木柱には「二・二六事件慰霊碑」の文字。道路向こうのＮＨＫ放送センターの南門へ、出勤する人の群れが吸い込まれていく。涙雨に包まれたかのようなその場所を、都会の慌ただしい朝は誰にも気づかせてくれない。

観音像の下に焼香台があり、そこに花束を供え線香を上げる喪服の男女がいた。青年将校らの遺族会「仏心会」有志だった。

「昭和維新の企画壊えて首謀者中、野中〔四郎〕、河野〔寿〕両大尉は自決、香田、安藤大尉以下十九名は軍法会議の判決により東京陸軍刑務所に於て刑死した。

此の地は其の陸軍刑務所跡の一隅であり、刑死した十九名と是れに先立つ「相沢事件」の相沢三郎中佐が刑死した処刑場跡の一角である。

此の因縁の地を選び刑死した二十名と自決二名に加え重臣警察官其の他事件関係犠牲者一切の霊を合せ慰め、且つは事件の意義を永く記念すべく広く有志の浄財を集め事件三十年記念の日を

二・二六事件慰霊像。2019年7月12日、処刑の朝のような細い雨が降った。東京・渋谷

期して慰霊像建立を発願し、今ここに其の竣工をみた。
謹んで諸霊の冥福を祈る。
昭和四十年二月二十六日
仏心会代表　河野司　誌」
（相沢三郎中佐は仙台市出身。昭和維新の運動に深く共鳴し、二・二六事件に先立つ一九三五（昭和一〇）年八月一二日、運動の敵対者と目された陸軍統制派の中心人物、永《なが》田《た》鉄山《てつざん》軍務局長を斬殺。蹶起将校らの処刑の九日前、同じく衛戍刑務所の刑場で銃殺された）

慰霊の観音像の台座にある碑文の一節である。

仏心会は、青年将校ら一五人の一回目の処刑から三カ月余り後の三六年秋、栗原安秀中尉の父で元陸軍大佐の栗原勇（故人）が世話役となって生まれた遺族の会だ。

往時の代々木練兵場は敗戦後、米軍に接収されて「ワシントンハイツ」という軍用住宅地とされ、衛戍刑務所跡地は赤レンガの壁を残したまま、米軍車両のモータープールに利用された。

一九六四（昭和三九）年にアジア初の東京オリンピックが開催されるのを機に練兵場跡地の日本への返還が決まり、仏心会の人々は念願とした刑場跡への供養碑建立を計画した。

旧大蔵省、東京都、渋谷区との交渉を重ね、建設資金も募り、建築家川元良一（代表作に同潤会アパート、九段会館（旧軍人会館）など）、弘前市出身の彫刻家三国慶一の協力を得て、二・二六事件から二九年後に建立、序幕を迎えた。遺族の先頭になって実現に奔走した二代目の代表が、自決した河野寿大尉の兄、司（故人）だった。

同じ日の午後一時、港区元麻布にある曹洞宗賢崇寺。仏心会の遺族たちによる慰霊法要が行われた。本堂の須弥壇に「二・二六事件関係物故者諸精霊位」の大きな位牌があり、その隣には、「空」（成仏の意）の字の下に「二十二士」の戒名が刻まれた位牌が並ぶ。処刑された一九人と、自決した野中四郎歩兵大尉、河野寿《ひさし》航空兵大尉。そして、相沢中佐。

対馬中尉の戒名は「義忠院心誉清徳勝雄居士」。

在りし日の軍服姿の遺影がずらりと、須弥壇を挟んだ両側の白壁に飾られた。

同じ境遇を背負った遺族

「当山〔賢崇寺〕は今より三百二年前、鍋島藩三代の主　忠直公の菩提を弔う為に建立し、其の御戒名、興国院殿敬英賢崇大居士に因み　興国山賢崇寺と号される。爾来、江戸に於ける同藩の菩提所として、代々藩主の帰依甚だ厚し。現時の住職は藤田俊訓師とす」

栗原勇が一九三六年一一月、遺族の参詣のためにガリ版で刷った『興国山賢崇寺累説』の文章である。

鍋島家代々の墓所がある佐賀ゆかりの寺で、二九代の藤田俊訓住職（故人。戦後に駒沢大学学監＝副学長）も、檀家だった栗原も佐賀人だ。

蹶起将校の栗原中尉、同じく佐賀出身だった香田大尉、中橋中尉、中島少尉の墓とともに、境内の刑死、自決した全員が合祀された「二十二士之墓」がある。

毎年七月一二日の命日、そして二月二六日に催される事件全関係者の慰霊法要の際も、仏心会の人々はこの墓に手を合わせ、花を手向ける。その長いつながりの機縁は、青森市の対馬家にも届いた一九三六年八月二四日付けの手紙だった。

母なみ宛の封筒には、二・二六事件の後、得度し僧籍に入って如山と号した栗原勇の手紙と、刑死、自決した二二人の法号、その遺族たちの住所を記した名簿が、それぞれガリ版刷りの一枚紙で入っていた。

生前のたまさんから読ませてもらった手紙にはこうある。

「今次の事変の為には、お互に甚大なる有形無形の損失を受けまして、何とも彼ともお慰めの言葉はありません。たゞ〳〵、我子の為に泣き同志達の為に涙にくれるのみであります。然しながら、私は安秀の親たる責任から、既に得度しある立場から、在京の便宜から……等何かと好都合かと考へまして、僭越ながら暫《しばら》くの間、私にお世話させて頂きたい、必ず捨身となって犬馬の労に服します。

2019年7月12日、賢崇寺で仏心会が催した二・二六事件の青年将校らの法要。壁際に遺影が並ぶ。東京・元麻布

・今後は心から睦まじい親類のような懇親を結びませう。而して誠心誠意を以って慰め合ひ、且つは失礼か知れませんが、若しも生活苦のお方がありましたら、互に一飯を分かつことに致しませう。

・故人の諸英霊は、確に佛陀の御慈悲に救はれ給ひ、既に極楽浄土の一座に成佛せられて居ります。之れからお互に佛心を深め清浄無垢の心情を以って永代の御回向に勤めませう

［後略］」

事件から間もないころの遺族の心情、仏心会の命名のいわれも、つづられた言葉からよく伝わる。遺族たちは代々木練兵場でのわが息子、兄弟の遺体引き取りの場で、突然の逆境に突き落とされた当事者として初めてあいさつを交わした。その折、栗原が世話役になって互いの連絡のことなどの声を掛け、遺族たちは感泣し心を合わせた、と河野司は記している。

「同じ立場の心の苦しさ、第三者にはとうてい理解できないこの深刻な苦悩は、同じ境遇の者同士でないと解ってもらえないことだった」（河野司著『ある遺族の二・二六事件』河出書房新社、一九八二年）

悲嘆と苦しみの輪に、まだ二一歳のたまさんもいた。

最後のあいさつの手紙

賢崇寺での仏心会（現在は一般社団法人。香田忠維代表理事）の慰霊法要に、私が初めて出席させてもらったのは二〇一九年の二月二六日。ずっと以前から長旅ができなくなっていたたまさんの名代を兼ねての参列だった。

たまさんは二月の法要には欠かさず弘前の親しい農家が収穫した津軽リンゴを送っており（七月にはリンゴジュース）、「波多江たま」と記された大きなリンゴ箱が須弥壇の両側に供えられていた。

俊訓師の孫の藤田俊英住職の供養の読経と、代替わりした遺族らの焼香の後、仏心会の監事で司会役の今泉章利さん（六九歳）が各地にいる遺族の近況を報告し、「皆さんに伝えてほしい」とたまさんから届いた手紙を読み上げた。

今泉さんは、父義道（故人）が近衛歩兵第三連隊の少尉として二・二六事件に参加し、禁固刑に処せられた。世話人の一人として、たまさんとも懇意にしていた。慰霊法要の日への手紙は、それが仏心会の長年の仲間たちへの最後のあいさつになると予期していたのかもしれない。

手紙で語られたのは、やはり、遺体引き渡しの朝の情景だった。案内された天幕の下には白木の寝棺。

「白［い着物］を着て頭部を幾重にも厚くして繃帯《ほうたい》して、私の兄は眠るように、おだやかな顔でしたが、見えているところは赤、紫に血走っていましたが……」

腫れ上がった顔の包帯で隠された額に血がにじんでおり、そこに銃弾を撃ち込まれたと分かった。

「母は右手をにぎりしめ、私達は左手をにぎりしめました。まだ温かく、全く硬直もして居らず、昼寝でもしているような感じでした。私達は涙いってきもなく眺めてるだけでした。父は口をとじたまま眺めていました。涙は、こおりついたのでしょうか」

死者と遺族へのさらに酷い扱いは、息を引き取って間もなく体が温かいままなのに、永の別離を惜しむ暇も与えられず埋葬証書を渡され、憲兵から火葬場へと急がされたことだ。

対馬中尉の骨箱を家族が守って青森に帰る列車の中や、東北本線の途中の駅々にも憲兵が張り込んで、誰も接触できないようにした。

実家の通夜、葬式も憲兵、特高（特別高等警察）が監視し、弔問客を問い質したり、追い返したりした。

悲しみを人に語ることも、戒名を刻んだ墓を建てることも許されず、「天皇に弓引いた逆賊」の扱いが遺族を後々まで苦しめた。

一〇四歳のたどたどしい、しかし、強い意思に導かれたような手紙は続いた。

「兄は、あの事件で始めから死を覚悟していたのも判っています。陛下の軍隊を使っての事件は、初めから生きられぬのを覚悟していました。只、自分達の心が何処にあったのか、何故その事件を起したか。次第に乱れてくる政治や軍隊の上層部を見てぢっとして居られなかったのです。それも私は次第に判るようになりました」

すでに耳がかなり遠くなり、一人では歩けぬほど体も弱ってきたたまさんは、八三年にわたって二・二六事件の真実と意味を求めた模索と葛藤と自問の末、それでも兄の最期を、遺族の無念を語り終えてはいなかった。

事件は終わっていない

一九一九年三月になって胸の異変をにわかに強く発して、六月に入ると娘の多美江さんが付き添う自宅のベッドで夜も寝られぬ苦しさに耐えた。そして、私の最後の訪問になった同月二〇日。たまさんは前の晩、赤黒い血の塊のようなものを吐き、それからは胸もすっかり楽になって久しぶりに眠れたという。見舞いに持参した山形の真っ赤なサクランボを一粒、口に含むと「甘いね」。

多美江さんが「一週間、ものを食べられなかったのに」と驚くのをよそに、衛戍刑務所での兄の思い出につながる季節の味をかみしめてくれた。

もう耳も聞こえない様子なので、ノートを破いて筆談をし、「お兄さんが『妹よ、よくぞ頑張ってくれたね』と、ほめてくれますよ」と大きな字で書くと、たまさんは笑顔を浮かべて手を合わせ、「お世話になりました」「ありがとうございます」。

ところがにわかに、それまでの弱々しい口調がうそのように、

「びっくりしたのは、［代々木］練兵場にテントが五張り立っていて、芝生がきらきらと光っていて……」

と語りだした。その情景はついに末期の床まで消えることも昇華することもなく、一〇四年を生きた女性の心と人生を苦しめ続けた。

「ここ数年は、『いまが人生で一番幸せ』と言っていました」

と多美江さんは話すが、それでも語り尽くせぬまま、冒頭のような絵にまでして残したかったものとは何だったのか。

「兄の真実はまだ世に伝えられていない」「二・二六事件はまだ終わっていない」という憾《うら》みなのか、「伝えてほしい」という遺言なのか。

縁あって立ち会った者が、語り部の思いの一端でも受け継ぐほかはなかった。

第二節　デスマスクが語るもの

遺体引き渡し所の絵には、「安田さんは、デスマスクを取っていた」と書き込まれていた。「安田さん」とは、たまさんの兄、対馬勝雄歩兵中尉らと一緒に刑死した安田優《ゆたか》砲兵少尉（享年二四、熊本県天草出身）の遺族のことだった。

突然の処刑の通知とともに遺体引き取りに呼ばれた遺族たちは、五つの仮設テントの前に列をつくった。悲痛なすすり泣きと沈黙の時間のさなか、「『少し待ってください。いま安田さんがデスマスクを取っていますから』と刑務所長から言われた」と、たまさんは生前に回想した。対馬中尉の遺族、付き添いの人々の前の順番で遺体と対面したのが、安田家の遺族だった。

生々しい銃弾痕

デスマスクの存在を私が知ったのは、事件の刑死者遺族の会「仏心会」の二代目代表、河野司の著書『二・二六事件』をたまさんから読ませてもらい、「叛乱将校の銃殺」というくだりを開いた時だ。「某騎兵少尉が外套の下に隠した小型カメラで秘かに撮影した」という処刑前の唯一の刑場写真と並べて、デスマスクの写真がある。

ふっくらとした頬、眠るように閉じた目からは、

「人事全く了る。安らかに眠につかむ　昭和十一年七月十一日午后十一時」
「我を愛せむより国を愛するの至誠に殉ず　昭和十一年七月十二日刑死前五分」
との辞世の心境が伝わる。だが両眉の間には、まるで血が滲んだような弾痕の裂け目が見え、青年将校らがたどった凄惨な運命を生々しく伝える。

デスマスクを採ろうと決めたのが、三歳上の長兄・薫（故人）だった。京都帝国大学に在学中、マルクス主義研究サークルの学生らが治安維持法で一斉摘発された「京都学連事件」（一九二五年）から続く特高の摘発で、一九三二年に検挙された。その後、経済誌記者を経て事件当時は内務省で働いていた。その動機は「天皇専制への憎悪」であったという。

「七月十一日が［処刑前日の］最後の面会日であり、この時彼［安田少尉］の関心事から勅命等により裁判の決定が取り消されるのではないかという、わずかな希望を持っていたのではないかと推測し、悲しい思いに圧倒され［中略］デスマスク作成が唯一の憎悪の表現手段と考え」と、薫が末弟善三郎さん（九三歳）に残した九八年四月四日の書簡にある（『二・二六事件青年将校安田優と兄・薫の遺稿』社会運動史研究会編、同時代社、二〇一三年）。

「なぜかというと、『デスマスクは軍の官僚たちに対する見せしめだ。お前たちが弟をこういう姿にしたんだ、と忘れさせぬためだ』と長兄は言っていた」

善三郎さんは、薫の終生消えなかった怒りをそう語った。

安田少尉は、二・二六事件犠牲者の一人、渡辺錠太郎陸軍教育総監の邸宅を部隊と襲撃した際、右脚を負傷し、事件が終息した二月二九日午後まで、赤坂伝馬町（現・元赤坂一丁目）の前田外科病院（現・赤坂見附前田病院）に入院した。デスマスクは、薫の願いで遺体引き渡しの場に院長が立ち会い、読経の後、石膏の型を採った。同席した陸軍士官学校同期の親友高矢三郎（故人）の手記は伝える。

「先ず看護婦が繃帯を取り除く。正に眉間の真ん中に一発［中略］アルコールで顔全体をきれいにしワセリンを塗った後、先生が十五番位の針金で丁度剣道の面の金具のような骨格を作り、全面に厚く盛り上げた。ややあって、固まった石膏を先生が静かに持ち上げる。裏返された先生が、『あゝよく出来ました』と原型に一礼されたのが印象深い」

原型からデスマスクは三面作られた。一つは高矢の和歌山市の自宅に置かれ、一九四五年の空襲で焼失した。残る二面は戦後、郷里の天草市本渡歴史民俗資料館と、防衛省防衛研究所に寄贈された。蹶起将校の遺品で唯一のデスマスク。天草の資料館では二・二六事件から八〇周年に当たった二〇一六年、善三郎さんを語り部として大勢の人に公開された。安田少尉は死してなお事件を語り続けている。

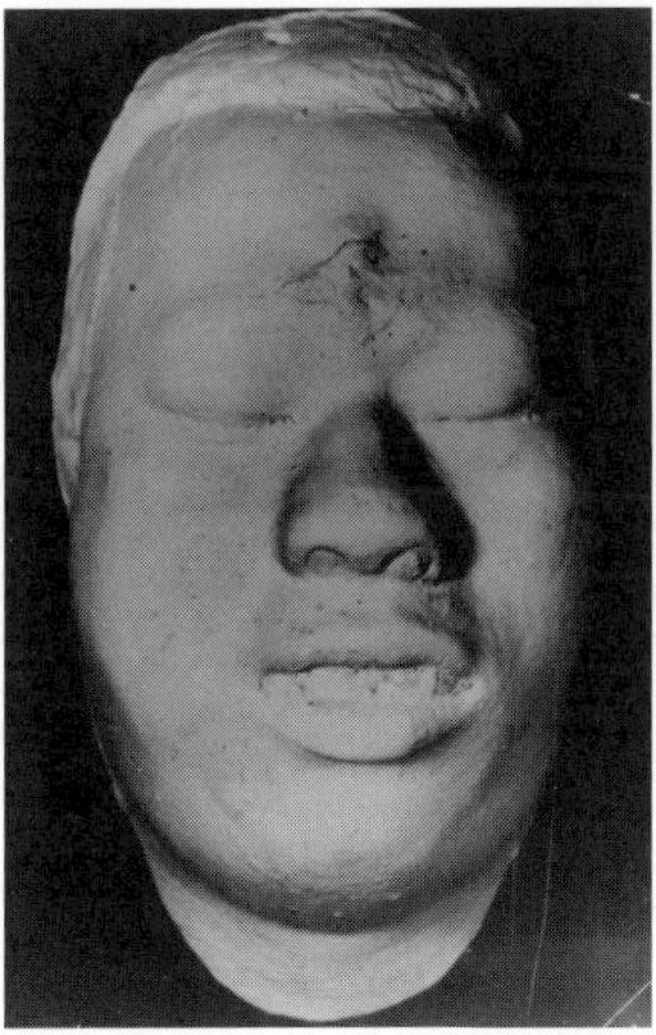

銃殺刑となった安田優少尉のデスマスク（安田善三郎さん提供）

事件後を生き抜いた同志

「あの日、安田少尉の弟さんが『何か困りごとがありましたら、いつでも声を掛けてください。後のご供養も自分に任せてください』と親切に話してくれた。以来、安田さんのご遺族を近しく感じてきた」

たまさんは、一〇四歳の人生に焼き付けられた兄の処刑の朝を回想するたび、「地獄で仏に出会ったよう」という心の救いをこう語った。この弟は、安田家の三男、祖龍（本名・尚、故人）。事件のころ、駒沢大学で仏教を学んでおり、戦後、天草下島の本渡町《ほんどまち》（現・天草市）にある曹洞宗明徳寺の住職となった人だ。二歳上だった安田少尉の菩提を弔いながら、一九七二年に他界した。

「祖龍がこんな話をしていた。実家が百姓をしていたから、農繁期に赤ん坊だった私をおんぶして田んぼの作業をしていた。ある日、私が背中にそそう［小便］をしたらしい。兄が小学三年のころだという。もうこんな生活はいやだと言って、自分から坊主を志した」

六男の善三郎さんは振り返る。

事件の当時まだ小学三年生で、天草下島の旧宮地村の実家で親と暮らしていた。一九四五年二月に陸軍士官学校予科に入ったが、半年後に敗戦の日を迎え、戦後、慶應義塾大学法学部を卒業して武蔵紙業株式会社（現・ムサシ）に勤めた後、七二歳から一三年間、仏心会の代表を務めた。

「たまさんは私より一一歳年長だが、遺族も世代交代して、事件のあった日々をじかに知り、処刑された身内の遺骨を抱いた経験を持つ人は、私たちくらいになった」

私が初めて事件の刑死者、殉難者の追悼法要（東京・賢崇寺）を訪ねた一九一九年二月二六日、善三郎さんはそう語り、高齢のため長らく法要で会えなくなっていたたまさんの健康を気遣った。

陸軍士官学校卒業間もない安田優少尉（前列右端）。1934（昭和9）年7月（安田善三郎さん提供）

たまさんが仏心会へ「最後のあいさつ」となった手紙を送ったことを第一節で紹介したが、その文中でも遺体引き取りの日の心遣いへの感謝を安田さんに述べ、互いに「事件後」を生き抜いた同志の存在になっていた。

「お兄さん［対馬中尉］のご遺骨を抱いて列車で青森に帰った時、［監視の憲兵が同乗して］一番最後まで降ろされなかったとか、たまさんからご苦労を伺った。そういう経験をした方はもうおられない。私は天草の田舎にいて、［安田少尉の］葬儀が許可されたのが一〇月だった。遺骨がずっと実家にあり、デスマスクの一つも父の清五郎［故人］が持ち帰った。そのデスマスクをよく見ていましたよ。額の銃痕だけでなく、鼻に出血止めの脱脂綿が詰められたのも分かった。骨箱を開けると、一番上に頭がい骨がそのままあって、火葬のまきの火力が弱かったのだろう、血［の跡］が走っていて、死を生々しく感じ取った」

二月二六日の全殉難者法要に参列し、境内の青年将校ら「二十二士」の分骨の墓に花を捧げた善三郎さんはそう語った。

やはり、二・二六事件と兄の死は善三郎さんの人生に「いまもここにある」ものとして刻印されている。

九三歳ながら、二月二六日の全殉難者法要と、七月一二日の青年将校らの慰霊法要には参列を欠かさず、いつも凛とした口調とたたずまいに、たまさんと同じく、生ある限り「語り部」の使命を背負い続ける人の決意を感じた。

喪服姿の遺族たちとの交流を邪魔してはいけないと、あらためての取材をお願いし、神奈川県葉山町の自宅を訪ねたのが翌三月三〇日。庭から望む湘南の早春の丘陵は、山桜の淡紅色に染まっていた。

故郷天草へ思い抱き

「私の生家は宮地村の約三〇〇〇人の農村集落にあり、戦前には一〇軒くらいの大地主、その下に小地主［自作農］、自作兼小作、そして一〇〇戸ほどの小作がいる階級社会だった」

善三郎さんの話は、家族の歴史から始まった。祖父善吉（故人）は大地主の家の長男に生まれたが、「〝ばか正直〟な生き方をしたために曾祖父から廃嫡され、わずか五反の田んぼと多少の畑を耕す自作農になり、父が米穀の仲買人を仕事にして現金を稼いだ」。

母コヨ（故人）との間に六人の息子、四人の娘をもうけ、貧乏な暮らしだったというが、「お前たちに財産は残せないが、教育を残してやる」「お前たちは村では本家の子どもの上席に座れないが、村を出て出世し、本家を見返せ」と常々、家訓のように言い聞かせた。

長男の薫は期待通りに旧制福岡高校、京都帝大経済学部に進み、次男の優は陸軍士官学校に入った。兄弟そろって村始まって以来という大出世だった。

善三郎さんには、一三も年長の安田少尉と同じ屋根の下で暮らした歳月はない。

「生まれた時には旧制天草中学に行っていた。私が五つだった昭和五年、優は転校先の熊本の済々黌《せいせいこう》（旧制中学）を出て士官学校予科に入った。思い出といえば、川にウナギ捕りのワナを仕掛けに行くのに連れていってくれたり、士官学校の夏休みに帰省しての帰り道、船着き場まで私が軍刀を担いで付いていったり。『遅くなるからもう帰れ』と言われた。優しい兄だったのを覚えている」

創立一八七九（明治一二）年、熊本最古の県立高校である済々黌は、現在も文武両道の名門校として全国に知られる。熊本は西南戦争で勇名をはせた熊本鎮台、後身の第六師団があり、熊本陸軍幼年学校も置かれた軍都。戦前の済々黌は多くの軍人を輩出した。

「優は初め、父の希望もあって大学へ進むのが第一志望だった。弁護士になりたかったが、『法律は金の力で左右されることが多いから、やめた』と考えを変えて士官学校を選んだ」

と善三郎さんは言う。

「しかし、中学校では『天草から来た』と、ばかにされたようだ」

美しい島々が連なる天草地方は、苛烈なキリスト教徒迫害と重税取り立てに端を発した一六三七（寛永一四）年の島原・天草の乱で知られる。荒廃の後、天領となって移民政策などで復興されたが、耕地や産業も乏しい離島の貧しさは、大地主支配もあって明治以後も変わらず、人々は出稼ぎに収入を求め、村々を歩く女衒《ぜげん》への娘身売りと海外への人身売買が「唐行《からゆ》きさん」の名を生んだ。安田少尉の済々黌時代は、とりわけ昭和恐慌が農村の生業に大打撃を与えていた。

こうして近代の恩恵から取り残された古里の原風景は、後の二・二六事件で蹶起した青年将校の同志、対馬勝雄中尉を生んだ東北とも重なる。

「天草女という言葉が昔あった。天草出身の女性が貧しさ故に当時の満州とか南方へ連れていかれ身を売っていた、という悲しい現実によるものだった。熊本は細川藩のお膝元ということもあり、天領だった天草の歴史と併せて蔑むようなやつが兄の学校にもいた」

「東北、北海道までそうだったと思う。多くの兵隊さんが農村から戦地に来ていた。大事な働き手を農家は奪われるのだから、生活苦になれば、次は娘を身売りに出すしかない。そうした実情を肌で知って、何とかしなければというのが、兄たちが蹶起した理由だった」

農村窮乏への怒り

安田少尉は二・二六事件の後、東京陸軍軍法会議で被告人となるが、それに先立つ一九三六（昭和一一）年三月一日、牛込憲兵隊の訊問調書に次のような証言を残した（以下、安田善三郎編著『安田優資料』一九九八年より引用）。

「私ハ小サイ時カラ不義ト不正トノ幾多ノ事ヲ見セツケラレ、非常ニ無念ニ感シテ来タ」

「中学校ニ入リ一番正シイノハ軍人タロウト思ヒ軍人ヲ志願シタノテアリマス〔中略〕共産主義ノ説明ヲ父親ニ聞キ大イニ共産主義ヲ憎ム様ニナリマシタ。実ニ軍人ノ社会ハ正シイモノト思ツテ志願シタノテアリマス」

ところが、東京・市ケ谷台の陸軍士官学校（教育課程は予科二年、隊付き勤務六カ月、本科一年一〇カ月）に入った途端、生徒間の不正行為やカフェー遊びなどを知って憤慨した。しかし、教官役であった村中孝次区隊長に触れて、

「私情ヲ投ケ君国ニ殉スルノ精神ニ甦ツテ行動シテ居ラルヽコトニ非常ニ感奮」し、家族同様の親交を結んだ。

「其ノ親交中ノ無言ノウチニ愛国ノ士テアルコトカ判リ、無言ノ感化共鳴シ全クコノ愛国ノ至情ニハ一ツノ疑念ナク、凡《すべ》テニ於テ共ニ行動出来ルモノト確信シタノテアリマス」

村中区隊長は青年将校たちの国家革新運動の中心人物で、後に二・二六事件の首謀者となる。予科時代の安田少尉は村中との出会いから運動に共鳴し、一九三二（昭和七）年、旭川野砲兵第七連隊付き士官候補生として赴任した北海道の農村の現実に、自らの生き方を決めるように憂国の情を一気に深める。

「経済上ニテ、現状ハ一君万民ノ国情ニナツテ居ラヌ事ハ明瞭ナル事テアリマス。同シ陛下ノ赤子ナカラ、農村ノ子女ト都会上層部ノ人々トノ差ノアマリニ烈シイコトハ陛下ニ対シテ中訳ナイト思ヒマス。之ハ現在ノ国家ノ機構カ悪イト思フノテアリマス。殊ニ北海道山奥ノ人民ノ生活

ハ満州人等以下ノ生活ヲシテ居リマス」

当時、北海道や東北は「昭和の大凶作」のさなか。新聞は「七万余に達した凶作地方救済児童」（一九三二年四月二日の『北海タイムス』）、「昭和聖代の痛恨事　婦女子の身売り　青森で半年間に三百名」（同年七月一五日の『時事新報』青森版）といった悲劇を連日報じた。

「殊ニ北海道ノ北見ノ方ニ行クト、十一月頃既ニ一月位迄食フ馬鈴薯モ（米、麦ハ勿論ナシ）無イト言フ有様テアリマス。然ルニ農村ノ租税ハ都市ヨリ多ク、金融ハ凡テ集中占拠サレテ居リマス」

「北海道ノ兵ノ如キハ、食物ハ軍隊ノ方カヨイカラ地方ニ帰ツテ農ヲヤルコトヲ厭ツテ居ル。ソシテ良兵ハ愚民ヲ作ルコトニナツテ居ル。之皆農村ノ疲弊カラテアル。之ヲ救フニハ、トウシテモ財閥重臣等ヲ排除セネハ実政［現］カ出来ヌト思フノテアリマス」

地方の惨状から目を転ずれば、飛行機など兵器生産を担う重工業は財閥系大企業に独占され、その金が政党との癒着、政治腐敗の温床となり、「農村の救いなき貧困という不正義を正すには実力による国家改造しかない」という確信が、安田少尉に深く根を張っていった。

苦界の女性を救おうと

安田少尉は一九三四（昭和九）年四月に陸軍士官学校本科を卒業し、再び野砲兵第七連隊に見習士官として配属された。旭川は、心酔する村中が同地の旧制中学で学び、少尉時代に旭川歩兵第二十七連隊に勤務したゆかり深い土地だ。二カ月後、同連隊の本隊が出征していた満州（中国

1928（昭和3）年の安田家。後列中央が薫さん、その左が済々黌時代の安田少尉。前列の父清五郎さんの左に3歳の善三郎さん（安田善三郎さん提供）

東北部）へ派遣されて錦州（現・遼寧省）に駐在し、砲兵少尉に任じられた。

満州では三年前の一九三一年九月一八日、日本の関東軍が南満州鉄道の線路を爆破した柳条湖事件を戦端に満州事変が勃発。関東軍は独断専行の軍事行動で全土を制圧し、翌三二年三月一日には、傀儡政権の満州国が発足。安田少尉の渡満前年、三三年五月三一日に日中両軍が塘沽協定を結び、現地は停戦状態にあった。

農山村や辺境部に出没する匪賊《ひぞく》の討伐を任務とした安田少尉は、ある日、日本人居留民会主催の酒席に連なった。

「親友だった佐賀勝郎氏（故人）が戦後、『砲七会』（戦友会）の機関誌（『山吹』）に書いた優の話がある」

と善三郎さんから聞いた。

『安田優資料』所収の佐賀の寄稿文（一

九七二年一月一六日）によれば、それは部隊の歓迎会だった。

末席の安田少尉は、酌をする芸者の一人が天草出身と知ると、「こんなところで働かないで郷《さと》へ帰れ」と真剣に説いた。

「天草の女性がこんな外地で、下らない男たちに媚を売っているのは見るに忍びん」

と嘆き、翌週末に佐賀を誘ってまた料亭に行き、「郷へ帰れ」と訴えた。

「只々同郷の女性が遠い異国で、外地で戦う国軍の威をかりて、我欲をむさぼる邦人たちのおもちゃになっていることに対する憤りからほとばしる口説きである」

と佐賀は記した。

給料袋を丸ごと手渡して帰り、その後も給料が出るたびに料亭に通って女性に帰郷を勧め、お金を渡した。満州駐在は短く、赴任からわずか五カ月後の一九三四年一二月、旭川の原隊へ復帰が決まると、佐賀に、

「毎月、君宛に金を送るから、彼女の許に届けてくれ、必ず郷に帰る様にすすめてくれ」

と頼み、その約束を違うことなく実行し続けた。

その女性も、家の貧しさ故に身を海外に売られた当時の「天草女」の一人だったのだろう。それからの消息は不明だというが、安田少尉にとっては、内外に満ちる「不正義」から救い出したい古里の化身ではなかったか。その女性がせめて、青年将校の心からの勧めを受け入れる結末になっていたら、二・二六事件に参加する運命は変わっていたのか。それとも、個人の力や思いではどうにもならない苦い現実をかみしめただけだったのか。

「古里への切ないほどの愛情、苦界にある人への優しさと誠実は、安田少尉の素顔を伝えるものですね」

と善三郎さんに問うと、

「優にはたまらなかったのでしょう」

と満州の逸話に思いを寄せながら、

「ところが、それから同じ兄が、二・二六事件で人の命を奪っていく訳ですからね。これには、私はいまもって耐えられません」

と深い憂い顔になった。

村中と再会、事件へ

旭川に戻り初年兵教育を担った安田少尉は、一九三五（昭和一〇）年一二月二〇日、陸軍砲工学校（現・東京新宿区）に入校する。砲兵・工兵科将校の専門教育の場だったが、二カ月後には二・二六事件に参加する。偶然のタイミングだったのか。

事件後の三六年五月一九日、前述した東京陸軍軍法会議の第一五回公判で、安田少尉は経緯をこう答えた。

「本年二月二十三日頃ト思ヒマスガ、私ト同ジク砲工学校入校中ノ鉄道第二聯隊ノ中島莞爾少尉ノ下宿ニ行ッタトキ村中孝次ガ来テ居ッテ、近ク同志ガ蹶起スルコトニナッタト告ゲラレマシタカラ、私ハ同人ヲ信用シテ居ルノデ、一身ヲ賭シテモ決行ニ参加スルト決意ヲ示シマシタ」

直接の契機は、心酔する村中との東京での再会であった。安田少尉は同じく士官学校時代に村中を師と仰いだ同期生、文中の中島工兵少尉（佐賀県出身）と一緒に、目前に決行が迫っていた蹶起に迷わず勇んで身を投じることになった。

村中は一九二五（大正一四）年、士官学校卒業間近のころ、思想家北一輝の著書『日本改造法案大綱』（一九二三年）を読み、

「天皇ニ指揮セラレタル全日本国民ノ超法律的運動ヲ以テ先ズ今ノ政治的経済的特権階級ヲ切開シテ捨ツルヲ急トスル」

と説く天皇・国民国家への日本改造（天皇大権発動による戒厳令、華族廃止、私有財産の制限、財閥解体と生産・資本の国家的統一、労働者の権利、国民の生活権利などを含む）に共鳴した。

その後、旭川の歩兵第二十七連隊で初年兵教育を担う中で、兵隊たちの出自である庶民の貧しい暮らし、農村漁村の窮乏、地方の中小企業の惨状を知り、その体験が運動の実践を志させたという。革新派青年将校たちの先駆けを成す精神的支柱だった。大尉まで昇進しながら、国家改造の運動を組織の統制や策謀で抑えようとする陸軍中央を批判し続けた。

陸軍士官学校区隊長を務めた後、軍エリート幹部コースの陸軍大学に進んだが、歩兵大尉となった一九三四（昭和九）年の一一月、陸軍内で起きた「十一月事件（陸軍士官学校事件）」のため憲兵隊に検挙され、放校される。この事件は、村中ら「皇道派」と呼ばれた青年将校グループと、「統制派」と色分けされた中央幕僚らの対立が激しくなる中、士官学校の教官だった統制派の辻政信大尉が士官候補生を使って青年将校グループの情報を集め、元老、重臣を殺害するクー

2019年7月12日、「二十二士の墓」にお参りした安田善三郎さん（左）と仏心会の今泉章利さん。東京・元麻布の賢崇寺

デター計画を密告させたとされる。が、そのような事実があったのか、いまだ定かではない。

村中らは三五（昭和一〇）年七月、

「軍内攪乱ノ本源ハ実ニ中央部内軍当局ノ間ニ伏在スル」

などと事件の背景、軍の内幕を暴露する「粛軍に関スル意見書」を、共に検挙された磯部浅一陸軍一等主計と連名で執筆。青年将校の内情を探ろうとして、「叛乱陰謀ともいふべき事実内容を虚構捏造」したと辻大尉らを非難し、誣告《ぶこく》罪で告訴した書面と併せて全国の同志に拡散し、ついに免官された。対立抗争は頂点に達していた。

「内外真に重大危急、今にして国体破壊の不義不臣を誅戮し、稜威《みいつ》〔聖なる威光〕を遮り御維新を阻止し来れる奸賊を芟除《さんじょ》〔刈り除く〕するに非ずして、宏謨《こうぼ》〔天皇の描く国政〕を一空せん」

「君側の奸臣軍賊を斬除して、彼の中枢を粉砕するは我等の任として能くなすべし」

「臣子たり股肱《ここう》たるの絶対道を今にして尽さずんば破滅沈淪［零落の意］を翻《ひるがえ》すに由《よし》なし」

野中大尉が青年将校たちの積年の訴えと決意を込め、村中も筆を入れた二・二六事件の「蹶起趣意書」の一節。一九三六（昭和一一）年二月二六日の直前、安田少尉を蹶起に引き入れたのも村中だった。

「『村中さえいなければ、村中とさえ出会わなければ』と事件の後、天草の父は言っていましたね。是非もないことだが、優のあのような行動と死が、親としては悔やまれてならなかったのだろう」

と、善三郎さんは振り返る。

「戦後になって、兄の士官学校同期生の方が私に『あの時、村中さんがこう言った、ああ言った、ということを口癖のように言っていた』と語ってくれたことがある。それほど傾倒していたんです」

安田家の人々と同じ問いと憾み、苦悩と傷みを、どれだけの家族が背負って生きることになったのか。

第三節　殺した側、殺された側の歳月

安田優少尉が蹶起と襲撃の計画を突然、村中孝次元大尉から指示されたのは二・二六事件前日の一九三六（昭和一一）年二月二五日の午後三〜四時ごろ。場所は砲工学校に近い中島莞爾少尉の下宿だった。

殺害目標は、昭和天皇の重臣、斎藤実内大臣と、陸軍首脳の渡辺錠太郎教育総監（大将）。事件の震源地となった歩兵第三連隊（現・東京港区六本木）でその夜、同じ襲撃班とされた同連隊の坂井中尉、士官学校同期の高橋少尉、麦屋清済《むぎやきよずみ》歩兵少尉（埼玉県出身、無期懲役）と顔を合わせ、襲撃計画の詳細を練った。それからの行動を、事件後の五月一九日、安田少尉が被告席に立った東京陸軍軍法会議の公判調書から再現してみたい。

内大臣、教育総監の襲撃計画

「只今から昭和維新に向かって邁進する。合言葉は尊皇討奸、目標は斎藤内府」

坂井中尉は二六日午前二時ごろ、同志以外の下士官たちを起こして蹶起の理由を告げ、兵を招集して全員整列させて号令をかけた。

午前四時二〇分ごろ、坂井中尉を先頭に約二〇〇名が営門を出発し、五時ごろ、当時の四谷区

仲町にあった斎藤邸に到着。部隊は表門から侵入し、こじ開けられた雨戸から安田少尉は屋内へ駆け上がった。

逃げる女中を追って階段を上ると、部屋から夫人が顔を出し、「待ってください、待ってください」と立ち塞がった。その向こうから斎藤内大臣が「何だ」と言って向かってきた。「天誅」と、安田少尉は夫人の肩越しに拳銃を一発、相手は倒れた。「殺すなら私を殺してください」と覆いかぶさる夫人を避け、頭部胸部へさらに数発。「襲撃目的を達せり」と確信した。

部隊は午前五時四〇分ごろ、赤坂離宮前に移動。坂井中尉ら主力は陸軍省（現在の永田町・憲政記念館付近）に向かい、安田少尉ら次の襲撃班約三〇名は、軍用貨物自動車に乗って杉並区荻窪の渡辺教育総監邸に急行した。

六時ごろ、表門から乱入して、閉ざされた玄関の扉に軽機関銃を発射。その銃床で窓硝子や壁を打ち壊して中に入り、内扉を身体で押し開けようとした安田少尉は、突然、拳銃で狙撃され、横によろめきながら玄関に這い出た。足がしびれたがやっと歩いて、裏手に回った兵の後から縁側を上がった。

すると、寿々夫人が隣室の仕切り襖の前に立ち塞がり、「それが日本の軍隊ですか」と叫ぶ。「閣下の軍人ではない、陛下の軍隊である」と安田少尉は反駁して夫人を押し退け、襖を開けた。その瞬間、総監が布団を盾に輻射の姿で拳銃を発射。その弾が軍刀の柄頭に当たり左肘を掠めた。安田少尉は「撃て」と言いながら縁側に倒れ、軽機関銃手が応射した。倒れた総監の背中に、さらに安田少尉の拳銃の弾が二発撃ち込まれた。

二六日早朝、青年将校たちに率いられた下士官・兵一四八三人の蹶起部隊が襲撃した先は、首相官邸から朝日新聞社まで一六カ所に上り、斎藤内大臣、渡辺総監のほか、高橋是清蔵相、岡田啓介首相の義弟・松尾伝蔵陸軍大佐や、警備の巡査らも殺害した。

蹶起趣意書は「所謂元老、重臣、軍閥、財閥、官僚、政党等はこの国体破壊の元凶なり」と討伐理由を掲げ、青年将校らは天皇親政による昭和維新を成し遂げようとした。その目標を妨げる「奸賊」を誅滅すれば、妖雲を払うように、天皇の親政、統帥の下で国内の不平等、不正義、貧困を解決し、農村の窮乏も救う昭和維新、国家改造を一挙に実現できる、と信じた。

安田少尉もまた公判調書で、

「一、軍上層部の政治的野心を除いて、真の皇軍の姿に復せしめ度きこと。二、中間介在の勢力を除き以て挙軍一致の実を揚げんが為であり」

とし、最後に、

「一つは、自分の信念であり。二つは、村中、中島に殉じたのであります」

と同志への疑いなき忠誠を吐露した。

天草に届いた事件の報

「二・二六事件が起きたのを天草で知ったのは、二六日の朝だった」

と、前述の安田少尉の一三歳下の弟安田善三郎さんは回想する。当時は郷里の天草下島、宮地村の小学校に通う一〇歳。いつものように学校へ行ったら、「東京でなにか大変なことがあった

山桜を背に二・二六事件と兄を語る安田善三郎さん。2019年3月31日、神奈川県葉山町の自宅

みたい」と女の子から聞かされた。

陸軍省は二六日午後八時一五分に事件の概要を報道機関に発表したが、翌二七日の九州の地方紙は、『福岡日日新聞』、『九州日報』で一面トップが前代未聞の「空白」になり（二〇一五年八月二六日の『西日本新聞』による）、『長崎新聞』でも一面がほぼ白紙で、印刷用鉛板の活字が削られた跡が紙面に生々しかった（二〇一六年二月二六日の同紙）。

それでも、東京の中枢部を占拠した多数の兵の姿は市民の目にさらされ、情報は電話などの口コミで早く伝わったのだろう（東京、大阪などの大手新聞は号外や二七日朝刊で陸軍省発表を報じ、『河北新報』をはじめ多くの地方紙も通信社電を一面で伝えた）。

東京には、安田家の一〇人きょうだいで一番年長の長女ホシノ（故人）が、渡辺教育総監邸から遠くない杉並区荻窪で義兄冨田義雄（同）と暮らしており、内務省に勤めていた長男薫と、陸軍砲工学校への入校で前年暮れに上京した次男の安田少尉が寄宿していた。その姉から二六日午後、父清五郎宛に電報が届いた。

「ミナブジ アンシンシロ」

との文面だった。

「読んだ父は『無事ならばなぜ、わざわざこんな電報を？ 何かあったのか』と不吉なものを感じたようだ」

と善三郎さんは言う。

東京で起きた遠くの大事件が安田家の運命を変えたのは、三月一日の夕方、やはり船が届けた半日遅れの『九州日日新聞』の朝刊だった。

「事件に参加した将校が免官になった、という見出しに五人の名前が並び、その中に『安田優』があった。突然、わが家は悲嘆のどん底に落ち、母は半狂乱になった。父は塞ぎ込んで涙をこらえていた。私は子ども心にもただただ悲しかった。村人の目も、その日から一八〇度変わった」（陸軍省は事件を鎮圧した二月二九日、参加した青年将校一五人の免官発令を報道機関に発表。同日さらに五人の免官を追加発表し、安田少尉の名前があった）

悲嘆に暮れた家族

村始まって以来の栄誉という陸軍士官学校合格の息子を育てた両親は、「安田の家は『教育、教育』と言っていながら、何にもならんかったじゃないか」という陰口にさらされた。村出身で初めて旧制高校に入った長男薫も、前述のように京都帝大経済学部時代、蜷川虎三《にながわとらぞう》教授（戦後、京都府知事）に共鳴する左翼学生として「京都学連事件」から続く特高の弾圧で検挙された経歴を持つ。村人の安田家へのそれまでの屈折した感情は、「兄弟の一人はアカで、一人は人殺しだ」という非難と差別の言葉に変わった。善三郎さんはいまも生々しく語る。

「薫の実家だということで、うちにはよく特高が来た。父が『ご苦労さん』とビールを注ぎ、連中はうまそうに飲んでいた。特高という言葉も知った」

「二・二六事件の当初の状況は鮮明に記憶している。兄が誰かを『殺した』ということは分かった。小学生だったが、まわりもそんな反応をしてきた。けんかをすれば、『お前の兄は人殺し』と言われた。いまだに引っかかっていることもある」

授業が終わると、子どもたちはみんな校庭を走らされた。先生から「よし！」と言われた子は一団から外れていく。善三郎さんも一生懸命に走った。しかし、先生からはいつまでも名前は呼ばれず、なぜか分からぬまま最後まで走らされた。まるで、見せしめの懲罰でもあったかのように。

逆境の中でも安田家の暮らしは続いた。善三郎さんは小学校から帰ると百姓仕事を手伝い、一九四四（昭和一九）年、天草中学五年生の時に熊本の旧制五高を受験して落ちた。次に受けたのが陸軍士官学校。

「蹶起将校だった安田優の弟だから、受かるかどうか分からない」

と思いながら、太平洋戦争の戦局が悪化をたどる折、

「どうせ死ぬんだ、いちかばちかだ、という気持ちがあった」

と語る。

士官学校に合格、入校したのは四五（昭和二〇）年二月。予科を埼玉県朝霞で過ごしたが、「その間、事件絡みの理不尽な出来事はなかった」

という。むしろ、東園猛中隊長から部屋に呼ばれ、

「お前の兄は国士ではなかったし、国賊でもない。兄貴のことは忘れて勉強をしろ」

と、気遣いの言葉を掛けてもらった。

「ありがたかった。それでも私は、事件のことを忘れることはできなかった」

上陸してくる米軍戦車の下に、爆弾を抱えて身を投じ、自爆する――。軍部の「一億総玉砕」の掛け声の下、本土決戦を想定した訓練に明け暮れていた夏、終戦を告げる昭和天皇の玉音放送を聴いた。ついに士官となって戦場の兵を指揮することなく、それでも「死ぬことだけを考えていた」という善三郎さんは、予科の仲間たちと一緒に泣いた。

天草への帰還から「戦後」は始まる。

父清五郎は還暦を過ぎ、善三郎さんは妹の久枝と百姓仕事を手伝った。そして一年半。息子の行く末を案じた父が、

「お前はいつまでこんなことをしているんだ。大学を受けろ」

と言った。深い心の傷を負った両親を残して上京することに申し訳なさはあったが、善三郎さんは慶應義塾大学法学部に合格。勉学の傍ら、田植えの季節には帰郷し、夏休み前も早く帰って農作業を手伝った。

東京では、賢崇寺の慰霊法要に初めて参列した。二・二六事件の青年将校らが刑死して間もな

い一九三六（昭和一一）年秋、栗原安秀中尉の父栗原勇が呼び掛けた仏心会は、陸軍の監視も解けた終戦後、未亡人や遺児を支える活動など、遺族が心を寄せ合う場になっていた。

「初めて出会う遺族はごく普通の人たちで、それぞれにご苦労を重ねていた。でも、皆さんとは年が離れた一番の若造で、膝を交えて話をするほどにはまだ打ち解けなかった」

先人に導かれ仏心会代表に

慶大を卒業した善三郎さんは、元職業軍人が創業者だった武蔵紙業株式会社に入社し、年月を経て仏心会の人々に関わるようになった。仏心会の二代目代表、河野司が先頭に立って二・二六事件殉難者の慰霊像（東京・渋谷）を建立した話を先に紹介したが、その清掃に通っている人がいることを知った。

今泉義道。事件に将校と兵六二名が参加し、高橋是清蔵相の襲撃部隊などを赴援した近衛歩兵第三連隊（東京・赤坂）第七中隊の少尉だった。慰霊の観音像建立後、毎月「二」と「六」が付く日に欠かさず慰霊像を清掃していたという。善三郎さんは仏心会の法要の席でその話を聞き、

「今泉さんがやっているのだ、と私は恐縮し、清掃に通い始めた。遺族で当番も決めた。偉い方だと思った」

『懐かしき初年兵教育と私にとっての二・二六事件』という今泉義道の追想記（『草萌え　同台経済人の記録』所収）を、今泉の次男で仏心会の監事、世話役の章利さんからいただいた。それによると、事件前年の一九三五（昭和一〇）年に陸軍士官学校を卒業し、近衛歩兵第三連隊の少

尉に任官したばかりだった。

「父は、青年将校の国家改造運動の洗礼など受けていない〝ノンポリ〟で、初年兵教育の教官役に情熱を燃やしていた」

と章利さんは言う。それからの顛末は、まさしく運命というほかない。

翌三六年二月二五日夜。今泉少尉は夜間演習を終えて帰営し、翌日の代休を鎌倉の実家で過ごそうと連隊近くの山王下で市電、タクシーを待ったが、全く来なかった。余りの寒さにやむなく連隊に引き返し、寝台に入ったのが二六日午前零時ごろ。だが、二時間ほどで眠りは破られた。中隊長代理の中橋基明中尉（佐賀県出身、事件後に刑死）らに起こされ、

「おい、今泉、いよいよやるぞ。昭和維新の断行だ」

と高橋蔵相の襲撃を告げられた。

「寝耳に水、体中の血が一時に止まった」

と今泉少尉は追想記につづっている。

「無理にとは言わん。襲撃の間、貴公は［実行に加わらず］控《ひかえ》中隊を引率して待機していて貰い度い。行く、行かぬは貴公の判断に委《まか》す」

と言われ、

今泉義道少尉（今泉章利さん提供）

「あまりに突然で私には決心いたしかねます。兵隊を連れて行動することも不同意です。先ず、私を斬ってから、出掛けて下さい」

と喘ぎ喘ぎ答えたという。

一人部屋に残され苦悩していると、突然、部下の特務総長が完全武装で入ってきた。聞けば、中橋中尉の命令で、同じく蹶起部隊となった歩兵第一連隊（東京・六本木）から大量の小銃実包を運び込み、軍律違反の自責から涙を流して「私は死にます」と言った。今泉少尉は、

「何も知らず蹶起に参加させられる部下をかばい、救うのが俺の務め」

と決意し、遺書をしたためて机の引き出しに納め、行動を共にした。

今泉少尉は事件後、高橋蔵相襲撃援護の罪で禁錮四年の刑を受け、免官された。

善三郎さんが「偉い方だ」と思ったのには理由がある。

「事件に関わり免官となった人には陸軍の満州に渡ったり、蒙古軍の将校になったりした人も少なくない。今泉さんは軍ときっぱり縁を切り、上海の汽船会社に入って民間人として生き直した。ただ部下を思い、事件に巻き込まれたことに一切の恨みも悔いも語らず、戦後は仏心会に尽くし、人知れず慰霊の観音像の清掃に通っていた。私は心から感銘を受けた」

そして、孤立した遺族をつないだ栗原勇、慰霊像建立の悲願に奔走した河野司ら先人の思いにも導かれ、善三郎さんは七二歳の時から一三年間、仏心会代表を担った。

父の惨殺を見た九歳の少女

一九八六（昭和六一）年七月一二日、二・二六事件の五〇周年の慰霊法要で、思いもよらぬ出来事があった。善三郎さんの人生を変えた日にもなった。

取材のマスコミも含め大勢の参会者があった賢崇寺に、カトリックのシスター姿の女性が訪れた。渡辺和子さん。兄の安田少尉が襲撃、殺害した渡辺錠太郎陸軍教育総監の次女だった。

「その時の気持ちは表現しようがない」

と善三郎さんは振り返る。安田と名乗れぬまま本堂に案内し、法要の後、境内の「二十二士の墓」に向かった和子さんの後を無言で歩いた。同じく襲撃した高橋太郎少尉の弟も一緒だった。

静かに手を合わせて祈る和子さんの後ろ姿に、涙がこみ上げた。

「私が安田の弟です」とようやく言えただけで、ほとんど会話ができなかった。

和子さんは、「場違いな所へ来たのかと思ったのでした」と語ったが、その表情は穏やかだった。

「私たちに渡辺大将のお墓を教えてください。お参りさせていただきます」

と伝えると、和子さんは「父も喜びます」と応えてくれた。

安田さんは日ならずして多磨霊園の渡辺総監の墓に詣でた。

渡辺総監が襲われた背景には、青年将校らと同じ皇道派の真崎甚三郎《まさきじんざぶろう》前総監が、対立する統制派との抗争で罷免された事件や、中庸で理知的な考えを持つ軍人だった渡辺総監の発言が当時、

渡辺和子さん（安田善三郎さん提供）

皇道派が問題視した「天皇機関説」擁護と激しく喧伝された経緯があった。

襲撃時、九歳だった和子さんは父から物陰に隠されたという。

「自分の目の前で父の身体が機関銃でうたれて蜂の巣のようになり、やがて数人の兵に銃剣で切りつけられ息絶えた光景は、三十数年たった今日もあざやかに脳裏にやきつけられています」

と、自著『美しい人に』（PHP研究所、一九八五年）につづられている。

「安田優の弟が渡辺総監のご遺族に会って良いのか、という葛藤があった」と善三郎さんは、半生の苦しみを語った。それゆえ、

「自分の父を手に掛けた者の墓に、どうして手を合わせることができるのか」という衝撃と、自我を揺さぶる問いが生まれたという。答えを求めて和子さんの著書を読み、思い余って「お目にかかりたいのですが」と手紙につづった。

和子さんは当時、岡山市のノートルダム清心女子大学の学長（後にノートルダム清心学園理事長）。快諾の返信をもらって訪ね、神奈川県葉山町の自宅にも招き、二〇一六年に和子さんが八

九歳で亡くなるまで心の交流を重ねた。

「『ゆるす』とはどういうことか」

と善三郎さんは自問し続け、聖書の教えにも答えを模索し、和子さんとの出会いから五年後に洗礼を受けて教会に通ってきた。

渡辺総監の命日の墓参りも、戦後に亡くなった寿々夫人の命日と合わせて現在まで続く。

「兄の優が蹶起に加わった動機は純粋だったと思うが、その行動でどれほど多くの人に悲しい、つらい思いを残したか。罪は決して消えない。なぜ、あそこまでやったのか。訴えるべきを訴えて宮城前で自決を選ぶべきではなかったか、そうすれば誰も殺すことはなかったのではないか——と憾んだこともあった。その純粋さを翻弄し、葬った政治のシナリオもあったのだろう。ただ、やっぱり血を分けた家族として、不憫に思う気持ちも消えないのです」

蹶起将校の遺族として事件後を生き抜いた「戦友」と善三郎さんが語るたまさんの思いはどうだったのか。兄である対馬勝雄中尉の生と死の軌跡、その意味を問い続けたたまさんの人生を追って、物語は東北に飛ぶ。

第二章　貧しき暮らしと軍人

第一節　津軽の村に始まる一家

本州最果ての海、陸奥湾には冬と春の境の鉛色の雲が垂れ込めていた。

二〇一九年四月上旬、ＪＲ青森駅から東に二キロ余りの堤川を越えた海べりを歩いた。青森市港町地区。魚介の缶詰、焼き竹輪などの水産加工場、問屋、造船所、町工場、倉庫が並び、住宅街と同居する一角だ。古い町名を相馬町《そうまちょう》という。海岸は青森漁港のコンクリートの岸壁で埋められ、東端は地元の海水浴場、合浦《がっぽ》公園の長い砂浜と緑の松林に続く。啄木の歌碑も立つ、この景色だけは昔から変わらない。

相馬町の面影を探し歩くうち、殺風景な街並みに残る大きな石碑と、古い観音堂を見つけた。石碑は一九二一（大正一〇）年一二月、開町三〇周年を記念して建立されたとあり、碑文にこんな内容の記録が刻まれる（原文は漢文調）。

「弘前藩士相馬駿と漁業総代柳谷亀太郎が、青森湾頭の未開の土地に着目し、漁民の移住を構想して県知事に開拓の事業を願い出た。五年後の明治二五年、移住者はわずか六戸だったが、地元有力者らの賛助を受けて、その三年後に新しい町の区画は出来上がり、「相馬駿の功労から」相馬町と命名された。開拓は順調に成就して人口も三四〇戸余りに増え、一つの街としてにぎやかに栄え、人々は安心して楽しく仕事をしている」

水産加工場や民家が立て込む青森市港町地区に残る「相馬町開町記念碑」と観音堂。2019年4月上旬

一九九一（平成三）年刊行の記念誌『相馬町百年の歩み』（相馬町百周年協賛会発行）によると、移住者たちは漁業を生業としてイワシ、サバ、タラなどを捕った。大漁続きだったというイワシの締粕《しめかす》（肥料）、焼き干しへの加工も盛んになり、業者も移住してきて工場を建てた。明治末には青森県で最初のオイルサーディンの缶詰工場も開業。相馬町は水産加工の街に発展した。

「オンジ町」。相馬町はこうも呼ばれた。オンジとは、当時の家長制度の下で一生下男働きをするほかなかった農漁村の次男三男の悲惨な境遇を意味し、こうした人々が自由な新開地で人生を巻き直そう、自立し一旗揚げようと移り住んだ。

後の陸軍歩兵中尉対馬勝雄と妹波多江たまさんらの父、対馬嘉七《かしち》もそんな一人だった。

対馬中尉の二・二六事件までの半生を、日記や手紙などの遺品、遺族らの追想などを編んだ本『邦刀遺文』（一九九一年刊行）。そこに収めた手記のため、たまさんは幼少時からの記憶を多くの大学ノート類に書き残した。刊行の八年後に出会った私の取材、それ以来いただいた七〇通以上の手紙とともに、語り言葉そのままにつづられた克明な『記憶のノート』の証言をひもとき、兄妹と家族の物語を青森の浜からよみがえらせていきたい。

たまさんは一家の歴史について、次のように筆を起こした。始まりから波乱万丈だ。

「兄［対馬中尉］は明治四一［一九〇八］年一一月一五日、青森県南津軽郡田舎館《いなかだて》村垂柳《たれやなぎ》の貧しい農家で生まれました。父はこの農家の次男で、日露戦争［一九〇四〜〇五年］から帰って母［なみ］と家庭を持ちました。兄が幼い頃、父は分家して青森市に移りました。父は出征して軍曹になって、勲章と共に金三〇〇円を授かったので、それを元手に慣れない魚屋の店を開きましたが、青森の大火に遭い丸裸になり文無しになってしまいました。それから我が家の貧乏が始まりました。途方に暮れ乍《なが》らも、父は陸奥湾の［相馬町の］海辺のすぐ近くに、物置小屋のような、ひどい平屋のバラックを建てました」

田舎館村は、青森県西部に広がる津軽平野の真ん中にあり、たまさんが戦後に暮らした弘前から、私鉄の弘南鉄道に揺られて岩木山を眺めつつ行く。人口七千余りののどかな村には春の暖かな日差しが注ぎ、厳しい冬の名残の雪解け水が水田をまぶしく光らせていた。

垂柳地区には弥生時代中期の水田遺構「垂柳遺跡」があり、稲作文化伝播の北限の一つとして知られる。「田舎」の地名は鎌倉時代の文献にあり、もともとの字は稲作の歴史に発する「稲家」だともいう。館は小さな城を意味する。

嘉七は同村垂柳の農家、対馬浅次郎の次男として一八七九（明治一二）年に生まれた。

「垂柳の対馬家は、かやぶき屋根の津軽の典型的な百姓家屋の百姓であったが、家筋はまことに古く、先祖がわからない程である」

という記述が村の郷土史研究書『館城文化　第一二集』（一九七五年）にある。貧しいのが当たり前といえた小作農家の一家族だった。

一〇歳下の妻なみは、同村八反田《はったんだ》の比較的裕福な農家、阿保《あぼ》家の九人きょうだいの次女。祖母は武家屋敷に奉公した人で威厳があった。

「祖母の家には大きな長持ちがあり、水色の金糸の模様が入った裲襠《うちかけ》や刀、裃《かみしも》、紋のついた一の膳、二の膳、大名が使うようなお椀も入っていた」

と、たまさんはよく語った。

両家の家柄の違い、「オンジ」の一人という嘉七の立場を乗り越えて二人が結婚したのは、「日露戦争で父が勲章をもらって英雄のように村に帰り、その評判もあって『嫁にやりたい』という話が持ち上がったのだと思う」。

日露戦争の帰還兵

垂柳の集落の外れに、神明宮《しんめいぐう》という小さな神社がある。昔、奥羽の蝦夷《えみし》と戦った坂上田村麻呂が軍旗を立てた地との縁起がある戦の守り神で、社殿には日清、日露戦争で出征した地元兵士の絵馬が掲げられていたという。

大イチョウが枝を広げる境内に、一九〇七（明治四〇）年建立の高い石碑がある。「皇軍全勝」という字が読め、日露戦争の凱旋記念の奉納碑だろうか、地元の出征兵士五人の栄誉が刻まれている。その中に「陸軍歩兵一等卒　勲八等　對馬永吉」と、嘉七の兄の名もある。

碑からしのばれる村の慶賀ムードとは裏腹に、嘉七ら兄弟がいた弘前の歩兵第三十一連隊は、旧満州の戦場で凄絶な体験を強いられた。

嘉七の古い軍隊手帳の記載によれば、一九〇三（明治三六）年九月三日に弘前を出発して一〇月八日に大連湾に上陸。各地の守備、前哨の任務に当たった後、一九〇五年一月二五～二九日に黒溝台の大激戦に投じられ、二月二八日～三月一〇日には、大山巌《おおやまいわお》総司令官が「本作戦は、今戦役の関が原とならん」と号令した総力決戦の奉天会戦に参加した。

その三年前の「八甲田雪中行軍事件」から奇跡の生還をした第三十一連隊の福島泰蔵大尉（事件を題材にした映画『八甲田山』では高倉健が演じた）らも黒溝台で戦死し、『郷土兵団物語』（岩手日報社、一九六三年）の記録では、同連隊の黒溝台での戦死は三四五人、負傷は一〇八四人、不明五六人に上った。奉天会戦では連隊長以下の指揮官にも死傷が相次ぎ、無事だった兵はわずか二〇〇余人。軍旗も敵砲弾で燃え、飾りの房のみの姿になった。

嘉七は一八九九（明治三二）年に徴兵されて以来の長い軍隊生活の末、奉天会戦で戦傷を負い、帰還後の入院を経て、終戦の翌一九〇六年五月にようやく召集解除されて帰郷した。戦功により勲七等青色桐葉章と功労金三〇〇円（現在の価値で約九〇万円）を授与された。たまさんが大事に保管していた嘉七の遺品には、「競點射撃優等之證」という賞状がたくさんある。連隊きっての射撃の名手だったといい、日露戦争から生還した理由、戦功を賞され郷里で英雄となった理由もそこにあった。そうして撃ち続けた戦場の硝煙の中で、敵味方のおびただしい死を見た。

「父は、戦友がほとんど亡くなった部隊の生き残りで、『他の部隊に編入されたので勲章が少なかった』と話してくれたこともありました。その体験の悲惨さからか、戦争の話をしてくれたことがなく、一人になると大酒を飲むのが常だった」と、たまさんは語った。

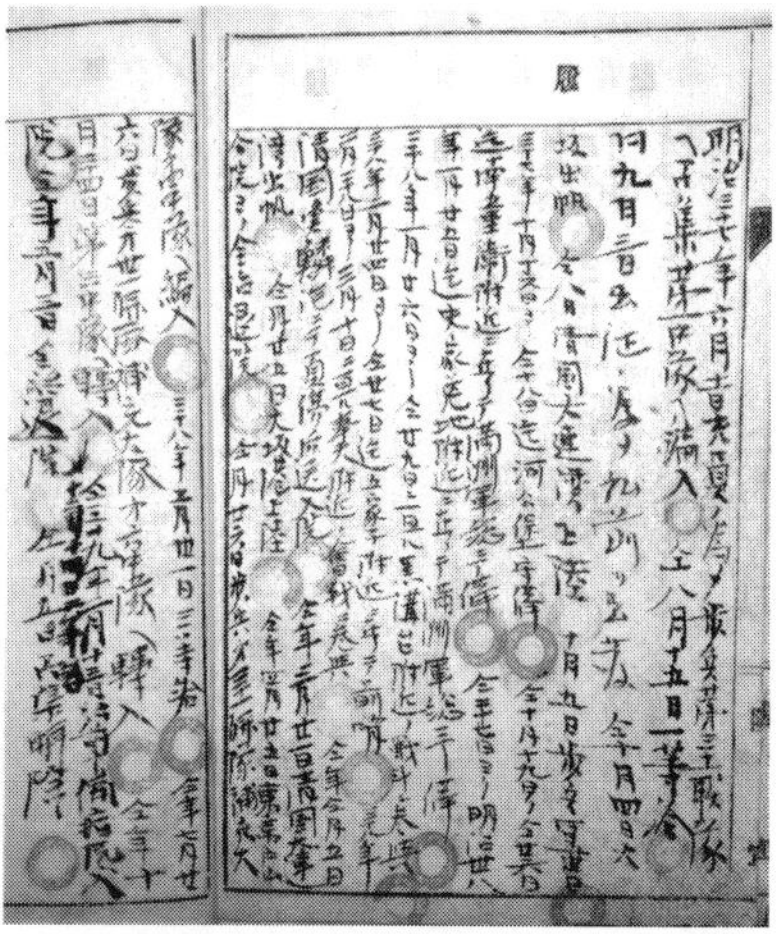

日露戦争に出征した嘉七の軍隊手帳
（波多江たまさん提供）

嘉七は戦争から帰った翌年の一九〇七（明治四〇）年になみと結婚し、それをきっかけに二年後、父浅次郎の実家から分家をし、幼少の勝雄を連れて青森市に移住する。分家届けに記載された職業は「日雇い」だった。そして、わが命を賭した功労金三〇〇円を元手に同市蜆貝町《しじみかいまち》に魚屋を開業。自らの店と所帯を構え、独立して商売を始めようとの希望に満ちていた。ところが、不運にも一九一〇（明治四三）年五月三日の青森大火が、その夢をあっけなく灰にしてしまう。

大火で消えた新生活の夢

「全市一朝にして焦土と化し、隣保郷党の死傷する者算を乱して街頭に横たはるが如きは、蓋《けだし》人生惨事中の最悲惨事なりとす。明治四十三年五月三日の青森大火は実に開市以来未曾有の災禍にして僅々数刻の間、戸数七千五百有余を烏有に帰し、無残の死傷者二百余名、之が物質的の損害額金約七百五十万円を越えたり」(『青森市火災誌』青森市、一九二〇年)

午後一時少し前、海沿いの中心部、安方町《やすかたまち》の菓子屋が饅頭を蒸していたという。その煙突から出た火の粉が強い西風にあおられ、隣家の屋根から屋根へあっという間に燃え広がった。嘉七が店と自宅を建てた蜆貝町は、ちょうど風下に位置して延焼が激しく、町内にあった六五九戸がすべて焼けた。

避難先となったのが相馬町の浜辺。急ごしらえで造った家は「物置小屋のような、ひどい平屋のバラック」だったと、たまさんは遠い記憶を記した。そこは陸奥湾からの風が強く、ひどい日には夜通し家中の戸や窓をがたがたと鳴らして吹き込み、石を載せただけの粗末な柾《まさ》屋根からにぎやかに雨漏りがした。冬の朝にはバラックの隙間からよく雪が吹きだまった。寝室には天井板もなく、方々の穴をわら束で塞いでいた。そんな過酷な現実から一家は歩み出したが、大火の翌年に長女タケが生まれ、若い夫婦には落胆している暇もなかった。『記憶のノート』にこうある。

「父は店を出すのを諦め、魚を売り歩くことになりました。農家出の父には魚が売れず、どっさり残して帰って、母を落胆させました。行商は父の性に合わず、今度は近所の人たちと函館方面に出稼ぎに行きました。でも、酒を飲む父にはほとんどお金にはならず、それもじきにやめてしまった」

日雇いで稼ぐほかなくなった嘉七に生計を頼れず、母のなみが子どもたちに留守番をさせて、魚問屋で家政婦のような仕事を始めた。器用な上に明るく働き者のなみは、すぐに問屋の奥様の信用を得て、近所の問屋や加工工場の奥様たちにも知己を広げた。

たまさんが生まれたのは一九一五（大正四）年四月。その二年後には末の妹きみ（故人）も生まれた。子沢山の貧乏所帯を支えたものは、なみの明るさであったという。

「武家の家庭の様にきびしく育った母は、さすがに立派でした。子供達には、お金のない事等一言も云った事もなく涙も見せた事もありませんでした」

日々伝えられたのが、生かされることへの感謝。

「朝は三時から四時には起き、朝日が昇り始めると外に出て柏手を打って、天女が空にのぼっていくと云っては私達を起こすのでした。［中略］目をこすりこすり、雲

七五三のお祝いの記念写真。左からたまさん、末妹きみ、母なみ（波多江たまさん提供）

の合間から昇る朝日を見て、その美しい輝きに目がさめるのでした」

「母は年中行事も必ずやりました。お正月には臼で餅をついて一人一人のお膳を作り、仏様にも供えた。春三月三日には、お雛様がないのに赤飯を炊いて、五月五日には兄のために大きな鯉のぼりを揚げ、尾頭付きのお膳を作った。軒下に菖蒲《しょうぶ》とヨモギを差し、風呂がないので桶の菖蒲湯で体を洗ってくれて、ざらめを入れたおいしい笹餅を作った。十五夜には、ススキや枝栗や花を活け、ブドウやサツマイモや枝豆、団子をお月様に供えた。そしていつも、きょうだいに一つ一つ公平に分けた。そんな母の思いが、私たちに貧乏を忘れさせ、どんなに幸せに暮らさせてくれたか」

長老から愛された秀才

相馬町に対馬家が根付いた当時、開祖であり初代町会長の相馬駿《しゅん》を、「真っ白い長いひげのおじいちゃんでした。とても優しい人で、思いやりがあり、町内の大人から子どもにまで尊敬されていました」と、たまさんは回想した。

久左衛門《きゅうざえもん》を名乗った津軽藩士から廃藩置県後、青森県巡査となって県下を歩き、職務勉励抜群として表彰された。旧青森町役場に転じて、現在の納税組合制度を設け、地元の有力者や住職に諮って寄付金を募り貧しい人々に歳暮やお金、コメを配る福祉事業を興した。住民が投棄する生ごみを収集する仕組みをつくり、肥料業者と組んで貧困層の仕事を創出し、町の環境衛生も改善した。

戦前の相馬町の風景と子どもたち（波多江たまさん提供）

青森市制施行の運動にも尽力し、退職後は相馬町の新天地開拓とともに、地元漁業者のために青森漁協を設立（初代組合長）。その希望の灯となる樺太の漁場開発の先頭に立った。今に残る観音堂も、相馬老が住民の和合と町の鎮守、大漁を願って、東京・浅草で買い求めた「聖観世音菩薩」を本尊とし建立された。

先見の明と開拓者精神、貧しい庶民への温かな目線を併せ持つ大人物であった。町内の子どもたちは正月に相馬老の家で書初めをし、七夕には願い事の色紙を作り、帰りにお菓子の袋をもらった。通りで姿を見かけると、「おじいーちゃ」と叫んで走り寄り、にこにこした相馬老の両袖にすがりついたという。

「何日も風呂に入れない垢だらけの子、髪をもじゃもじゃにした子、鼻水で袖口を光らせた子。そんな子どもたちを『町の宝だ』とかわいがり、大人たちには行き逢うたび、暮らしの様子を尋ねて相談に乗っていました」

「中でも兄はことのほか目を掛けられ、おじいちゃんは兄の将来に期待していました」と、たまさんは、追憶の相馬町に生き続ける兄・勝雄の少年時代を語った。

父の反対を押し切り進学

水産加工工場や倉庫、住宅が立て込んだ現在の港町地区から想像することが難しいほど、そのころの相馬町は家がまばらで、原生花園のようにハマナスの野原や湿地、沼も広がっていた。対馬家の兄妹は夏には浴衣でホタルを取りに行き、朝早くからきれいな貝を拾い、砂浜に近所の子どもたちと集まって遊んだ。兵隊ごっこ、かくれんぼ、駆けっこ、磁石を手にした砂鉄取り、雪合戦、かまくら作り……。勝雄はいつもリーダーだった。

たまさんが生まれた一九一五年の春から、勝雄は家から三〇分ほどの青森県師範学校附属尋常小学校に通っていた。成績はずば抜けて良く、三年から終業式の度、校長から「右者学業操行〔運動〕優等ニ付　茲《ここ》ニ之ヲ賞ス」と壇上に呼ばれた。いまも残る通信簿は「修身」をはじめほぼ全教科が一〇段階評価の「一〇」。卒業式でも総代に選ばれ、褒章の国漢文辞書を贈られた。

「兄は本が大好きな勉強家だった。でも両親の苦労を見て、新しい本が欲しくても、一度も買ってほしいとねだったことはなかった」と、たまさんは振り返った。

時代が大正に移ったこのころ、欧州の第一次世界大戦（一九一四〜一八年）が日本に一時の好況をもたらしたが、一九一八（大正七）年には富山県魚津町に発した米騒動が全国を揺るがし、青森にも波及した。対馬家の暮らしも一向に楽にならず、嘉七は自慢のはずの一人息子の卒業を待って、すぐさま働かせようとした。

「兄は、青森中学（旧制、現・県立青森高校）への進学を必死に父に訴え、担任の先生も一緒に頼んでくれた。仕方なく父は、『試験に落第したら、家の手伝いをする』という条件で渋々受験を許した。すると兄は見事に合格。父はなおも渋ったけれど、最後は母が、兄の願いを叶えてと説得しました」

父の大酒、母の苦労

たまさんは『邦刀遺文』刊行後、大切に保管してきた対馬勝雄中尉の多くの遺品を、陸上自衛隊弘前駐屯地にある旧第八師団（第三十一連隊も所属）の資料展示施設に寄贈した。日露戦争の時代に嘉七が被った、黒地に金の徽章と金糸のライン、五芒星が刺しゅうされた正装の帽子もガラスケースにある。戦場で着用した軍帽や軍服があったはずだが、それはずっと昔、青森中学に入った勝雄の制服に直されたという。

「母が軍服を手縫いで作り直したのです。黒ズボンの脇にあった太い赤線を取り外し、軍帽は自分で染めた。兄の進学で、教科書を含めて家計の負担が増し、母も苦心しました」と、たまさんは語った。

ところが、黄色い帯のある帽子が中途半端にしか染まらなかったので、級友たちが「変な帽子だ」と笑った。担任から訳を問われた勝雄は、「日露戦争に出征した父の帽子です」と胸を張って堂々と答え、逆にほめられるようになった。

ある日、勝雄は級友たちと一緒に担任に引率され、相馬町の隣町の橋を通りかかったという。その時ちょうど、川舟に乗って川砂利採取の作業をしていた嘉七を勝雄が見つけ、「オドー」と列の中から大きな声で呼んだ。「恥ずかしいから、黙って通ればいいのに」と級友の一人から言われた。

家に帰った勝雄は、妹たちを座らせてその出来事を語り、「どんな仕事をしようと、貧乏は決して恥ではないんだ」と言い聞かせた。

「兄は父を誇りに思っていて、終生変わらなかった。その言葉のおかげで、私たちは励まされ、卑屈になることなく過ごせた」と、たまさんは兄への誇りをいつも口にした。

嘉七は、なみに負けぬ働きぶりで「働き出すと人の三倍も働く」と言われ、あらゆる日雇いの仕事をし、なみが勤める魚問屋の近くの蒲鉾屋で働くようになった。しかし、毎晩の大酒に加えて、底抜けの義侠心が貧乏暮らしを終わらせなかった。

「父は困っている人への同情の気持ちが厚く、近所の人が『今晩食う米がない』と困っていれば、家の米櫃《こめびつ》を空にしてでもくれてやった。人の借金の保証人になってお金を借りてやり、その挙げ句に夜逃げされて、母が後始末に振り回された。何度だまされたことか分からない。母は真夏にも氷水の屋台を引いて、年中暇なしに働くしかなかった」

たまさんの娘、波多江多美江さんは三〇年ほど前、たまさんが次のような話をこぼすのを初めて聞いた。

嘉七は大酒で酔うと、ちゃぶ台をひっくり返して暴れることがあった。いつも明るいなみも時に、耐えきれず錯乱状態になったという。「ある晩、母は幼い私たちの手を引き、背中におんぶし、橋の上から川をじっと見ていたことがあった。私は怖くなって、母の手を強く引っ張った。もしかすると、母はふと死を考えたのではなかったか」。

子ども心に焼きついた、しかし、思い出すこともつらい光景だったのだろう。

勝雄はそのころ、相馬町の同級生や年下の男の子たちと「少年団」を結成していた。浜に蓆《むしろ》の小屋を立て、旗代わりの木彫りの魚拓を入口に掲げ、水泳ぎや兵隊ごっこをし、魚を焼いて食べ、イソップのとんち話を面白おかしく読んでくれたという。そんな楽しく優しい兄が一人きりでいた時の横顔も、たまさんは忘れていなかった。

「家にお客さんがあった日、裏の畑にミカン箱を持っていって、腰かけて勉強していた。海を眺めて、波音に耳を傾けているような日もあった。いったい何を考えていたのか、そのころは分からなかった」

第二節　勝雄、陸軍幼年学校へ

早く出世できる道を

「或る冬の寒い日、私が雪に足をとられ乍ら小学校から帰ると、家の入り口に立派な一頭の馬がつながれていました。

私は馬がこわくて家に入れず、まごまごしていると、何に驚いたのか、いきなり馬が飛び上がり、結んでいた綱が外れて走り出しました。

私は驚いて大声を上げました。すると家の中から軍人が出てきて、あわてて逃げる馬を追いかけていきました」

たまさんは、七歳になって間もない一九二〇（大正九）年の暮れか、翌二一年初めの出来事だった——と、兄の思い出を掘り起こした『記憶のノート』につづった。

嘉七、なみ夫婦と勝雄、長女タケ、次女たま、三女きみの一家が肩を寄せ合って暮らす粗末な家に、突然、馬でやって来た軍人。学校帰りのたまさんが家に駆け込むと、鉄瓶を吊るした囲炉裏の回りにたくさんの書類が散らばっていた。

たまさんが兄勝雄と家族の記憶をつづった膨大な『記憶のノート』（波多江たまさん提供）

日露戦争に出征した嘉七の軍人手帳や射撃大会の優等証、戦功への勲七等青色桐葉章と功労金の証書、第三十一連隊長による部隊での善行証書、青森・岩手両県知事からの凱旋感謝状。嘉七、なみの故郷・田舎館村での戸籍、家系を証明する墨文字の文書類……。

いぶかるたまさんに、なみは「勝雄が、知らないうちに仙台の［陸軍］幼年学校に受験願書を出したので、先祖代々の家系の事を調査に来た」と懸命に話した。

「母はびっくりした様で、大変に困った顔をしていました」

幼年学校は陸軍の将来を担う将士官候補の養成学校。普通学制の中学校に相当する一三～一五歳を対象に三学年の全寮制だった。語学や文理科目、武道や体育、軍事の学問や訓練などを修め、卒業生は陸軍士官学校（予科・本科）に進んだ。寝食を共にする生活で「軍人勅諭」に始まる皇軍精神をたたき込まれ、陸軍指導層も輩出するエリート教育機関であった。

たまさんは、家族を驚かせてまで幼年学校受験を一人決めた勝雄の行動について、こう語った。

「それまで兄は張り切って、憧れた（旧制）青森中学に通っていました。でも、学費が大分掛かっていることに気づき、苦しい家計との板挟みで悩んだに違いありません。親に負担とならないで早く出世できる道はないかと考えたようで、誰にも相談せずに仙台の幼年学校に願書を出してしまったのです」

当時なら、親孝行の美談と世間では呼ばれたのだろうか。少なくとも、両親と妹たちの暮らしを助けたい、という勝雄の至情からの結論であったのだろう。「その時、兄はわずか一三歳でしたよ」。

独断の受験と合格通知

「ソノ昔余青森ニテ朝早ク雪道踏ンデ警察署ノ講堂ガ試験場ニ与エラレタル為一里許歩キタリシコト、ソノ入口ニ『将校生徒試験場』トカ、レアリシコト、胸ニ躍ルヲ覚エシコト……」

勝雄自身が受験生だった日を振り返る言葉が、仙台陸軍幼年学校三年生の時の日記（一九二四〈大正一三〉年一一月二五日付、『邦刀遺文』所収）にある。

青森大火による一家の被災、貧困家庭への転落という不運がなければ、秀才で努力家の勝雄は青森中学からきっと旧制弘前高校（現・弘前大学）へと、全く別の人生を歩んだのではないか。いまとなっては詮の無い想像とはいえ、両親は運命や因果を思い、悔やんだのではなかったか。

やはり予期せぬ二・二六事件で息子を刑死させることになる一五年後にも。夢見た進学、未来の職業を諦めざるを得なかった若者が東北に大勢生まれた、東日本大震災を経験した私にはそう思えてならない。

白雲悠々

陸軍衛戍刑務所で銃殺刑となる直前の勝雄の遺墨を、たまさんが多くの遺品を寄贈した陸上自衛隊弘前駐屯地の旧第八師団資料展示施設で見た。爽やかなほど潔い、真っすぐに伸びる筆跡は、勝雄の人となりそのものと思えた。

かくなればかくなるものと知り乍らやむにやまれぬ大和だましい

という一首も最後の遺文にある。安政の大獄で死を前にした吉田松陰の言葉である。

一三歳の日記の「胸ニ躍ルヲ覚エシ」という明るさにも、もはや後ろを振り返らない覚悟がにじむ。やがて東北の貧しい農村、農民たちの苦境を我が苦悩と背負って蹶起する、二八歳の対馬勝雄中尉への軌跡が、そこから真っすぐ続いているように見えてくる。

「陸軍幼年學校多数入学志願者中より成績優秀ヲ認メテ君ニ入學許可ノ命ヲ發セラレタルヲ祝ス

凡ソ国家ニ盡ス道ヤ多シト雖モ献身以テ奉公ノ誠ヲ効ス軍人ノ如ク高潔ナルハアラス而シテ将来帝国軍人ノ消長ハ君ノ奮発ニ待ツモノ洵ニ多シ

入校ハ陽春四月ニ迫レリ十分ノ摂養ヲ加ヘ英気ヲ以テ校庭ニ見エラレンコトヲ期ス」

児島惣次郎陸軍教育総監部本部長の名で、大人の軍人扱いのような厳めしい合格通知が届いたのは翌一九二二（大正一一）年二月。中学一年生からの合格は珍しく、青森県内で最年少だったという俊英ぶりに、新聞が快挙と書き立てた。それからの相馬町での〝騒動〟が、たまさんの『記憶のノート』にこうある。

「大変な事になり、［両親の郷里］田舎館村の親戚は勿論の事、兄を可愛がってくれた［相馬駿］町会長や隣近所の人々や［両親が働く］魚問屋、蒲鉾屋さん迄もお祝いに来てくれました。両親は、こうなっては後に引けなくなってしまいました。心ばかりのお祝膳を作り皆をおもてなししました。この時の両親の心中は複雑だったと思います」

「町の星」になった勝雄

勝雄には、合格して初めて知る大きな勘違いがあった。幼年学校に納める学費である。全官費（無償）なのは軍人の遺族の子だけで、現役・予備役の軍人の子は半官費（半額）、対馬家のような一般家庭の子は全額負担が決まりだった。その上、身元保証となる一定の財産がなくては入学ができなかった。

わが家への孝行を念じた子ども心の苦境を救ったのは、地元の相馬町や両親の馴染みの人々だった。嘉七に付き添われて仙台へ旅立つ勝雄には、たくさんの餞別の袋が贈られ、計八一円（現在の価値で約一〇万円以上）もの大金になった。

「困った両親は早速、町会長の相馬さんに相談に行きました。兄の将来に大きな望みを掛けていた町会長は、自分の子どものように思って、財産の一部を名義変更してまで貸してくれました」

と、たまさんも忘れがたい感謝の思いを『記憶のノート』に記した。

これほどの人の恩を受けた嘉七、なみは、それまで以上に身を粉にして働いた。一一歳だった姉のタケは、小学校から帰った後、相馬町にある竹輪工場でアルバイトをさせてもらえることになった。竹輪工場の主人はタケをかわいがり、対馬家の事情を慮《おもんぱか》って大人並みのお金をくれた。

1922（大正11）年3月の対馬嘉七、なみ。勝雄が合格した仙台陸軍幼年学校に提出された写真（波多江たまさん提供）

勝雄は、相馬町の星にも太陽にもなった。仙台陸軍幼年学校への合格から、相馬老ばかりでなく、町内の大人も子どもも勝雄を誇りに思い、日ごろ義侠心の厚い嘉七、働き者のなみへの一層の信用、信頼となって還った。なみは「勝雄のためなら」と、どんな苦労もいとわず、知り合いの呉服店は古着を商って歩く仕事を世話してくれた。

大きな風呂敷包みを背負って津軽の田舎を巡り、くたくたに疲れても、翌朝は朝日とともに起きて家中をピカピカに磨き、また商いに出掛けていった。勝雄の母として自らを高め、娘たちをよい将来に導こうとするようにもなった。

母も一念発起する

「幼年学校に行った兄からは、よく手紙が来るようになりました。そして、英語には一番苦労している、と書いてありました。之からは必ず外語が必要になるから、お前達［たまさんら三人の妹］も外語を習うとよい、とすゝめてくれました」

そんな勝雄の言葉に、なみも一念発起した。農村では比較的裕福な家に育ちながら、ほとんど字が書けなかったという。「女に学問はいらない。家をしっかり守ればよい」という封建的なしつけのためだった。字を読めない大人は当時の農村で珍しくなかった。

「でも母は、小学生の私達から字を習い、鉛筆をなめ〳〵勉強しました。字が書けないけれども、とても頭がよくて、裁縫等、私達三人でも判らない事もけろりとして教えてくれました。［字を習う］其のねばりと熱心さと忍耐力の強さには脱帽でした」

嘉七はどうだったか。たまさんの『記憶のノート』はこう伝える。

ある日、ぼろ着をまとって働いているところに役所の職員が来て帳面を差し出し、「名前、書けるかな。ちょっと書いてくれ」と見下し馬鹿にした口調で言った。嘉七は家の硯箱を持ってこさせ、墨をたっぷり含ませた筆でさらさらと署名した。達筆だった。役人は「なんだ、書家だでば」と、びっくりして帰った。

その時、たまさんは家に居合わせ、普段は酒飲みの父を胸のすく思いで見直した。幼年学校に合格した「あの英才の家だ」と評判も広まったことだろう。しかし、嘉七の教育方針は「封建的で、私達を家にしばりつけようとしました」。変わらず無口で頑固な明治の男だった。

なみはそんな夫とぶつかることも恐れず、対照的な考えを堂々と娘たちに説いた。

「母は開放的で時代を先取りするようなところがありました。『女といえども家にこもる事なく、これからはどんどん世に出て、手に職をつけて自立しなさい』と、よく云われました」

「裕福な家庭から、［結婚して］いきなり貧乏をいやと云うほど味わされた母の体験から生まれ出た結論だったと思います。『娘は、酒を飲む人にはやらない』と絶えず云うようになりました」

帰郷した「少年団」のリーダー

仙台陸軍幼年学校で初めての夏休み。帰省した勝雄は黒い制服に儀礼用の短い剣、真っ白な手袋を身に着け、見違えるような姿で、家の前まで来るとにっこり笑って最敬礼をした。まわりを、わいわいと近所の子どもたちが囲んでいた。その輪に、八歳になったたまさんもいた。

「母はこの姿を見て、どんなに誇らしく、うれしかった事でしょう。今迄の苦労も飛んでしまったような明るい笑顔で出迎えました」

勝雄はすぐ、町会長の相馬老ら世話になった人々への挨拶に行った。狭いバラックの家には近所の大人たちが集まって、嘉七と「お祝いだ」とにぎやかに酒盛りを始めた。夜になると中学校時代の同級生たちも遊びに来て、囲炉裏端で寝込むまで語り合った。

「二、三日して落ち着くと、兄は自分の少年団の子ども達を集め、留守中の事や町内の噂話や各家庭の事を聞いて、慰めたり、励ましたりしました」と、たまさんは回想している。

勝雄が結成した相馬町の「少年団」のメンバーに、戦後、株式会社青森マツダ自動車を創業した柳谷与三郎（故人）がいる。前述の『邦刀遺文』にこんな一文を寄せた。

「勝雄とは四つ違い［の年少］さ。勝雄をガキ大将にしてよく遊んだものさ。仲間は十何人かいたな。相馬町というのは隣近所みんな親戚づきあいで、お互いのカマドのこともみんなわかっていたからな」

柳谷の家は漁師で、陸奥湾の手漕ぎ船の漁で暮らせず、発動機を買って外洋に出ようという人の借金の保証人に兄がなり、その話が失敗。家はカマドケシ（破産）になった。

「勝雄を大将に遊んだといってもワルサはしなかった。兵隊ごっこをよくしたが本読みもした。勝雄がフランス国歌を教えたりしてさ。そう、ラ・マルセーユ。今でも歌えるよ。そうだなあ。勝雄が青森中学にいたときよりも幼年学校時代、春、夏休みに一番よく遊んだし、モノも教えてもらった気がするなあ」

相馬町の町会百周年記念誌『相馬町百年の歩み』（一九九一年）でも、ある年配男性の昔話が〝勝雄の伝説〟として語られている。

「対馬嘉七さんの息子に勝雄という秀才がいた。仙台の陸軍幼年学校から休みで帰ると、男の子供たちを集めて、観音堂付近の草原の丘をめがけて突撃させられたものだ。俺もお前も木の棒をもたされて走った。終わると二列縦隊で軍歌もどきに精一杯、声を張り上げて帰ったものだ」

その「軍歌もどき」はこのような詞だった。

「東の岳の山嵐　朝まだ早き相馬町　観音堂の戦場に　戦う我等少年団　野辺をかすめて銃《つつ》の音　忽《たちま》ち起る鬨《とき》の声」

勝雄が意気揚々と少年団のために作った歌であろう。戦場の指揮官を志した幼年学校生にとっては、もう子どもの遊びではなかったのかもしれない。

突飛で不可思議な行動

たまさんは、勝雄の初めての夏休みの鮮烈な出来事として、まるで映画か芝居のような突飛で不可思議な行動を、『記憶のノート』で語っている。

少年団の仲間から何を耳にしたのか、突然、嘉七からぼろの仕事着を借りて、縄を帯にし、顔には鍋の底のすすを塗り、薄汚れた手ぬぐいを被り、仏壇から鉦《しょう》を取って外に出ていった。何の扮装なのか、何が始まるのか、と少年団のメンバーは訳も分からぬまま、ぞろぞろと勝雄の後についていった。たまさんも興味津々だった。

「兄はある老夫婦の住んでいる家の前につくと、鉦をちーんと一つたゝき、何やらぶつぶつと云って、顔が見えないように頭をさげていました。どう見ても之は、おもらいさんのさまでした。どうなる事かと見ていますと、奥の方から、しわくちゃな、腰の曲がったおばあさんが出てきて

『かわいそうに』と云って、一銭か二銭くれました。兄はおじぎをして、それをもらい、家に帰りました」

少年団がクスクス笑いながら、また家までついていくと、勝雄は素早く服を着替え、顔を洗って、メンバーを集めた。そして、少し厳かな調子でこう言ったという。

「皆はあの老夫婦を、けちんぼとか、汚いとか、いろ〳〵悪口を云っていたが、けちんぼでもないし汚くもない、心のやさしい人達だった事が判ったろう。陰口や悪口を云う人があっても、自分の目で見、自分で確かめて、又聞きで人を悪く云ってはいけない」

「私も、なるほどと思いましたが、兄は身なりをと丶のえて、また老夫婦の所へ行き、深く頭を下げてあやまり、お金を返しました。どう云って返したのかは判りませんでしたが、おばあさんが笑っていたようでした」

「斬れない刀は無意味」

仙台陸軍幼年学校の卒業生の集い「仙幼会」が戦後にまとめた同窓会誌『山紫に水清き――仙台陸軍幼年学校史』（松下芳男編、一九七三年）に、在校当時の勝雄についての評がある。

「またこの期〔第二六期〕に、二・二六事件に関与して死刑になった対馬勝雄がいる。かれは在校中その奇抜な茶目振りによって、同期生中随一の人気者であり、絶えず同寝室の者を笑わせていたものであった。中でも幹部、教官の物真似の巧みさにいたっては、正に天下一品と称すべきものであった」

父嘉七譲りと思える、不正義や人の困窮に目をつぶれぬ正義感。母なみから受け継いだように見える明るさと優しさ、温かさ。そして、傍目には突飛にも危うくも映る、純粋過ぎる思考と真っすぐな行動力が、それからの勝雄の生き方となっていく。『山紫に水清き』の勝雄評には、天真爛漫な人気者の姿とは違う、不吉な未来の暗示とさえ感じられるエピソードが続く。

「一年生の夏休みが終り、帰校したかれは、〔正装で身に着ける儀礼用の〕短剣を研ぎ、刃をつけて来た。検査でそれが発見され、直ぐ刃を潰され、叱責を受けた。刀は斬るためにあるので、切れない刀は無意味である、というのが、かれの主張であった」

兄勝雄の生涯を語り続けた波多江たまさん。2017年9月、弘前市の自宅にて

幼年学校の生徒は「将校生徒」とも呼ばれ、その自意識も日々の教育ではぐくまれた。「斬れない刀は無意味」という勝雄の余りに迫真で狂気めいた行動と言葉には、胸に軍人の魂を宿し始めた者の怒り、「幼年」と思えぬほど鋭い政治的比喩が込められていた――と私には響く。

勝雄が仙台陸軍幼年学校に入った一九二二（大正一一）年は、第一次世界大戦後の軍拡制限を米国、英国、日本などが参加して締結したワシントン軍縮条約の成立の年だった。この世界史上初の軍縮会議には、大国間の止めどない建艦競争が悲惨な大戦の原因になった、との反省が国際世論に広まった背景がある。

開催を呼び掛けたのは、疲弊した欧州に代わり、戦勝国として世界の新秩序づくりのリーダーに躍り出た米国だった。同じ戦勝国だった日本も、広大な旧ドイツ領南洋諸島を手に入れた（ヴェルサイユ条約による信託統治）。太平洋を挟んで対峙する米国の政府や世論には、将来の日米戦への危惧が芽生えたという。「日本の大海軍国への急伸長を抑えよう」という深慮遠謀も、会議提唱の有力な理由の一つだったとされる。

三カ月に及ぶ軍縮交渉の結果、海軍の主力艦は米国五：英国五：日本三の比率で制限されることに決まった。日本の孤立化回避と協調を第一に立ち回った加藤友三郎《ともざぶろう》首席全権委員ら政府の姿勢に、当の海軍は怒り、野党、新聞は「対米弱腰外交」と批判を繰り広げ、大正デモクラシー時代の平和を楽しんだ国民の世論も風向きを変えてゆく。

陸軍もまた軍縮の余波で、明治以来初めての軍備費削減に甘んじることになる。軍人の間に「斬れない刀」と化す現状、軍の存在意義への危機感は広がっていった。

勝雄を歴史の奔流に巻き込んでゆく「昭和」は、すぐそこまで来ている。

第三節　廃校の憾み、少年に宿り

仙台陸軍幼年学校

仙台市の名所、榴岡《つつじがおか》公園。旧仙台藩で文人藩主と謳われた四代伊達綱村が、「四民遊楽」の場として枝垂れ桜などを植えさせて庶民に開放し、いまも市民たちの花見でにぎわう。

広い公園には瀟洒な白亜の洋館が立つ。一八七四（明治七）年に建てられた旧陸軍歩兵第四連隊兵舎で、現在は市歴史民俗資料館。戦前、東北の軍都と呼ばれた仙台には第二師団司令部（現・東北大学川内キャンパス）をはじめ、いくつもの旧陸軍施設が広大な面積を占めていた。

歴史民俗資料館と道路を挟んで、古今の歌枕・宮城野の名をよすがとする宮城野中学校がある。かつて、日清戦争後の一八九七（明治三〇）年に開校した仙台陸軍幼年学校の一角だった。中学校の歩道に面した隅に、幼年学校跡の記念碑と並んで、長年の風雪で黒ずんだ大きな石碑が残され、漢文調の碑文がこう刻まれている。

『此塢曰九思山。尤富景致。頂上松樹為今生所手植。本校創立以来二十有八年。花晨月夕為師生所遊息。今校将廃。感慨之情有不可言者。乃刻石以伝之干不朽云。　大正十三甲子三月』

九思山とは、幼年学校の南西隅に植物園とともにあった高さ二メートルほどの築山《つきやま》で、第九期生たちが卒業記念につくった同校のシンボルだった。皇太子時代の大正天皇手植えの五葉松がてっぺんにあり、桜、ツツジも植えられ、毎年春に学校行事の観桜会が催された。

「九思山満開の桜の下で、全校教官生徒揃っての花見の会は、九思山の桜が立派で見事であっただけに、忘れ得ない懐しい思出である」

戦後、同窓生たちの「仙幼会」が編んだ『山紫に水清き』に、第二六期生のOB小松冬彦のこんな追憶が載っている。

碑文は、創立以来二八年、師と生徒が春の朝、秋の夕べを共にし学んだ本校が、いま廃されんとしている。感慨の情を言い表すことができない――と伝える。仙台陸軍幼年学校が廃校となったのが一九二四（大正一三）三月一八日。最後の卒業生となった第二五期生たちが、ただの惜別ではなく、母校喪失への痛恨の思いを込めて建立した石碑だった。

一学年下の第二六期生（一九二二年三月入学）約五〇人は卒業までもう一年の学びを残しながら、東京と広島の幼年学校に、ドイツ語、フランス語の専攻クラス別に半数ずつ移籍となった。

廃校の時代背景には、二六期生が入学した一九二二年に米国ワシントンで成立した、史上初の国際軍縮条約があった。地方の街へも押し寄せた波が、仙台陸軍幼年学校の廃校であった。大きな歴史の奔流に投げ出された第二六期生の中に、まだ一六歳、二年生だった勝雄がいる。

青森発夜行列車の孤独

廃校まで三カ月を残すだけの一九二四年一月一日からの勝雄の日記が『邦刀遺文』に収められ

仙台市榴岡公園に白亜の姿を残す旧陸軍歩兵第四連隊兵舎の遺構。現在は市歴史民俗資料館

ている。当時の勝雄の心境と、取り巻く時代を読み取っていきたい。

日記が始まる元日、勝雄は古里の青森市相馬町に帰省しており、一人の子どもに戻って冬休みを過ごしていた。その日は小学校時代の友人たちが実家に集まり、彼らと同級会に出掛け、唱歌の合唱、詩吟、懐旧談、腕相撲などを楽しんだ。

一月三日は、勝雄がリーダーとなって結成した、相馬町の男子たちの「少年団」との交流。

「コクヅ山〔空き地の木屑山か〕攻略ノ雪中演習ナドナス」

とつづり、雪三尺が積もった翌四日は、

「家ニコモル、暖炉ガ熾《さか》ンニモエルト暖カイ」

学校の日常から離れて穏やかな正月を満喫した。しかし、この屈託ない田舎の少年を、もう一つの世界へ呼び戻す日が否応なしに訪れる。

一月六日午後五時頃に乗った、東北本線の仙

台行き夜行列車。幼年学校の同級生と乗り合わせ、車中でドイツ語の勉強を済ませたが、暑苦しく感じて、

「頭苦シキ気持シテ腹モ痛ク力ナシ。何カ思ヒテ気弱ク泣出サントシタルハ悲シ」

と、言いようのない心細さ、孤独感に襲われた。

その気持ちは、同じ東北の田舎出身の私にも分かる気がした。夏冬春の長い休みを終えて東京の大学生活に戻っていく常磐線の上野行き電車で、いつも、古里との間で心が引き裂かれるような痛みを感じた。どちらの世界が本当の自分の心の居場所なのだろうか——。

「ふるさとの訛なつかし停車場の人ごみの中にそを聴きにゆく」と歌った石川啄木（岩手県出身）、「東京に空が無い」との心の叫びを残した高村智恵子（福島県出身）をはじめ、幾多の「上京者」たちが感じた宿命の痛み。勝雄もそれを、二八年の生涯の間に抱えていくことになる。

不安と痛みをかき消し埋めるものは、勝雄の場合、幼年学校で育まれた大いなる「皇国」と一つになるような絶対の忠誠心と、未来の使命を担いし者としての誇りだったかもしれない。それは夜行列車が夜半、盛岡駅に停車した時に突然舞い降りた。（以下、一月六日の日記の続き）

「激シキ万才ノ声ニ驚カサレテ目覚ム。折シモコノ土地ノ者ラシク十数名ノ男車外ニアリ、隣リノ列車ノ入営者ヲ送レル如シ」

という、期せずして出合った光景が、少年を再び「軍人」の世界に強く引き戻した。

「軍歌ヲ高唱シ、天皇ノ万才ヲ唱ヘ叫ビテ息マズ。熱誠溢レタルヲ眺メテハ只々、ア丶コノ人々アリテ我ガ日本モトト思ヒ感深カリキ。西洋ニテハ入営者ヲ涙ニテ送ルトカ、サテモコノ様ハ

勝雄の遺品の日記類（波多江たまさん提供）

メデタキコトナル」

理想世界廃する理不尽

戦後、『名探偵ホームズ全集』（ポプラ社）などを著した作家山中峯太郎は、一九〇一（明治三四）年、第四期生として大阪陸軍幼年学校に入った。著書『陸軍反逆児』（小原書房、一九五四年）の中で、幼年学校に入った初日、寄宿生活を共にする同期生五〇人の前で生徒監の陸軍中尉が語った訓示を、記憶も鮮やかに書いている。幼年学校とはどんな世界だったか、勝雄の時代も変わらなかったのではないか。

「きょうから、諸子の親となり兄となって、諸子を訓育するのである。なおそれから、同期生というものは、寄居を共にして苦楽を分ち、たがいに何から何まで知りつくしてしまう、だから、親や兄弟に話せないことであっても、同期生には、すべて打ちあけて相談するようになる。ここに、きょうから諸子は、君国のために生死を共にする同期生になったのだ。一生涯を通じて、これを忘れてはならない、終り」

幼年学校の日常は、毎週月曜日の朝、講堂に生徒全員集って「陸海軍軍人に賜はりたる勅諭」（軍人勅諭）を全文奉読することで始まった。

「我国の軍隊は世々天皇の統率し給ふ所にそある」
「朕は汝等軍人の大元帥なるそ」

など天皇統帥の絶対を説く長大な前文と、

「一 軍人は忠節を尽すを本分とすへし」
「一 軍人は礼儀を正くすへし」
「一 軍人は武勇を尚ふへし」
「一 軍人は信義を重んすへし」
「一 軍人は質素を旨とすへし」

と説く五カ条の精神を、諳誦できるまで繰り返し読み、

「義務は山より重く、死は羽毛より軽いと覚悟せよ」

という皇国軍人の誠心を自らの血肉とし、軍人の理想像たらんとする志をはぐくんだ。

将校となって訓育者の側に立った時、新兵たちに軍人勅諭を諳誦させ、その精神を伝えることが代々受け継ぐべき責務でもあった。

前掲『山紫に水清き』をひもとくと、毎日の文理・体育・柔剣道の講義（語学は半数ずつドイ

ツ語、フランス語）と試験のほか、勝雄ら第二六期生の年中行事として観桜会の後、春季運動会、談話会（弁論発表）、石巻での游泳演習、磐梯山登山や北海道などの修学旅行、天長拝賀式、武術会、松島遊覧、体操競技会、本校招魂祭、職員生徒懇談会（余興発表会）などがあり、生徒たちは切磋琢磨の中で同期生との生涯にわたる絆を強めた。

多くの現役将校が務めた教官たちは、厳しくも温かな愛情を日々の訓育に注いだ。勝雄の同期で親友となった桜井亮英（仙台出身で戦後、宮城県議会議員）は、『山紫に水清き』に寄せた一文でこうつづった。

「菊地（米三郎）生徒監主事は、生徒が風邪を引くと、陛下から預かっている生徒を病気にしたといって嘆かれたが、仙幼校は、校地一万坪、生徒数百五十名、一学級二十五名編成であり、職員は校長以下文官武官の教官をはじめ、炊事夫、門衛など、合せて三十名程の大世帯であり、莫大な国費を投じて、次の時代の国軍の幹部を養成する特殊教育の場であった。一人でも落伍する生徒があれば国家の損失であるという管理者の責任感が、常に念頭を去らなかったのであろう」

一六歳の少年たちにとって理想世界に等しかった、学び舎の廃校。勝雄の日記は、その理不尽な決定の背景にあった社会の変化に、苛立ちと憂い、怒りの心情を吐露していく。

軍縮と軍人軽視の時代

廃校の話を生徒たちに告げたのは、時の陸軍大臣山梨半造《はんぞう》大将だった。前年の一九二三（大正一二）年九月二八日に仙台陸軍幼年学校を視察に訪れ、講堂での訓示で「この山梨が大臣の時に、伝統あるこの学校を廃止するように決定したことは、まことに遺憾至極である」と述べた、と『山紫に水清き』にある。

勝雄と同期生で親友の一人だった工藤鉄太郎（後に陸軍中佐）の「陸相が、教育勅語の額を背にして壇上に立ち、『君たちが大きくなるとわかる』と訓示した声は、未だに耳の奥から消えない」という回想も紹介されている。

「山梨軍縮」と言われた。ワシントン海軍軍縮条約締結の立役者で、日本政府首席全権委員だった加藤友三郎海軍大将が、日本の軍縮実行の責任者たる首相に任ぜられ、率先して我が身を切った海軍の後に陸軍も続くことになった。

一九一七年の革命によるロシア帝国消滅で北方の脅威が薄れ、革命干渉戦争だった兵力七万余りのシベリア出兵も加藤内閣の手で幕を引かれ、国際平和協調と財政緊縮が趨勢となった、国会や世論の軍縮要求を陸軍も呑まざるを得なくなった。

山梨陸相の下で決定された陸軍整理案は一九二二〜二三年の二次にわたり、師団の数はそのままに約六万の将兵や約一万三〇〇〇の軍馬などを削減する代わりに、軍備の近代化、部隊の新設などを求めた。

その廃止対象に、仙台陸軍幼年学校も含まれたのである。

軍縮はこの後さらに、一九二四年の宇垣一成《うがきかずしげ》陸相による三次整理案（宇垣軍縮）が続き、約三万九〇〇〇の将兵が削減された。その間、将校約三〇〇〇人が整理されて、学校の教練役に配属されたり、退役したりし、志願者も著しく減った。招いたものは、日露戦争時の世間の英雄視がうそのような軍人の地位低下であった。

生徒たちの心に広がり、沈殿したのは、憧憬と誇りの軍隊だけでなく、幼年学校までもが「無用の長物」とみられるようになった時代への屈辱感、無念さであったろうか。軍縮すなわち軍軽視、軍人蔑視へと世間の空気は変わった。その風潮を伝える当時の『東京日日新聞』の軍人の投稿評論を、岡義武著『転換期の大正』（岩波文庫、二〇一九年）が記録している。

「関西の或都市辺では、頑是ない小児がいふ事をきかぬ場合、親がこれを叱るに、『今に軍人にしてやる』と怒鳴りたてる」

「軍人の影がいよいよ薄くなって、若い将校が結婚の約束をしてゐたのが、どしどし嫁の方から破談にしてくる」

「世の一般人は軍人は頑迷で融通性がないと一様に断定し、退役の軍人が職を求めると、『軍人の古手に何が出来るものかと一口にけなす。軍職を不生産的職業といひ、時代錯誤といひ、穀潰しといふ。あゝ、世の有識者はこの現象を何とみるであらうか』」（一九二二年八月二七〜二八日掲載の陸軍三等軍医正・寺師義信『軍人の立場について』より）

勝雄と同期生の三宅克巳の悔しさにじむ述懐が『山紫に水清き』にある。

「私が受験した頃は、世界も日本も、軍縮の最中だったし、また日本の社会運動の形成期だった。五年間の第一次ヨーロッパ大戦は、大正八年のパリ講和会議で終結、九年国際連盟成立、十年ワシントン会議で、世はあげて永久平和の夢、日本は戦争で俄《にわ》か成金の世の中で、今頃軍人志願とはバカの骨頂だといわれた」

「大阪と名古屋の幼年学校は［一九二二～二三年に］既に廃止されていた。だが幼年学校が全部なくなろうとは考えなかった。仙台は質実剛健だから必ず残す、永久平和なんてありえない、われわれが頑張るんだ、という追いつめられたような気風も強かった」

新思潮と大衆運動の変革期

一九二四（大正一三）年初めからの勝雄の日記に戻ってみる。

一月一四日は同室の仲間たちの点呼で、勝雄が人数を間違えて週番士官に報告してしまうミスをした。「心配ダ」とつづりながら、その後に、

「近頃ハ何デモカンデモ『ドウニデモナレ』ダ」

と、投げやりなつぶやきが続く。

同二二日は新聞で読んだ記事に触れ、日本社会に広がっていた社会主義思想への嫌悪感をぶちまける。

「戦線同盟ノ社会主義者ガ（同月）二十六日ノ御慶事ガ終ツテカラ農民運動トカ組合運動トカ何トカマタ大イニ運動ヲ始メルトノコト。右ノ如キ事柄ヲ只載セテ置ク馬鹿新聞（マタ落度カ）モアツタモノダ」（御慶事とは、皇太子（後の昭和天皇）の成婚を指す）

さらに、

「社会主義者ノ運動ガ当然デアルカノ如ク事実バカリ述ベテヰル」

1922（大正11）年、仙台陸軍幼年学校1年生の勝雄（後列右から2人目）
（波多江たまさん提供）

と新聞をも非難し、その憂うべき悪影響とばかり、憤りは身内である軍隊の士気低下の現状にも向く。

「前ニモ入営ノ宣誓ヲ拒ンダ奴ガアツタ。我々将校生徒［幼年学校生のこと］タルモノハカヽルトキ断乎タル行動ニ出ツベキ修養ヲナシヲクベキデアル」

ポスト第一次世界大戦のこの頃、日本には軍縮と国際平和、民主主義の潮流のみならずロシア革命の衝撃が押し寄せた。国内でも一九一八（大正七）年七月、米価高騰が背景とされる「米騒動」が全国に波及し、大衆運動の時代に火をつけた。

大戦終結の翌一二月に吉野作造、大山郁夫、新渡戸稲造らの啓蒙団体「黎明会」、東京帝大の法科学生らによる民主主義思想団体「新人会」が相次ぎ産声を上げ、労働争議の現場や共鳴する知識層にロシア経由の社会主義が流布。

中国や日本の植民地だった朝鮮にも民族自決の気運と運動が広がっていた。

同じ一九一八年、憲政史上初めて平民出身の原敬《はらたかし》首相率いる政友会内閣が発足し、本格的な政党内閣時代が始まった。大正デモクラシーの幕開けだ。国民平等の普通選挙を求める世論も高まり、一九一九年三月に催された普選実現の国民大会（東京・日比谷）に五万人が参加した。

同年八月には、日本最初の労働者団結組織として各地の争議を支援した鈴木文治らの「友愛会」が労働組合の全国連合「大日本労働総同盟友愛会」の旗揚げをし、「人間はその本然に於て自由である」と宣言した。大杉栄らの無政府組合主義（アナルコ・サンディカリズム）も論争を巻き起こした。大戦後の不況が深刻化した一九二〇年に初めてのメーデーが催され、労働組合指導者らが結集した「日本社会主義同盟」が誕生。一九二二年には堺利彦、山川均《ひとし》らの「日本共産党」が結成された。社会の大変革期だった。

一九二三（大正一二）年九月一日に関東大震災が起こる。社会不安と混乱の中、東京で自警団の住民らが多数の朝鮮人を虐殺。甘粕正彦《あまかすまさひこ》憲兵大尉の大杉栄・伊藤野枝《のえ》夫妻殺害、習志野騎兵第十三連隊による労働者一〇人の殺害（亀戸《かめいど》事件）なども相次ぎ起こった。軍縮への不条理感とともに、新思潮と大衆運動への軍人、保守層の「日本の国体破壊」への危機感も広まっていた。勝雄の日記にも、己が価値観、正義感を揺るがすかのような世情への苛立ちがにじむ。

「近頃衆議院解散トカ清浦《きようら》［奎吾《けいご》］内閣如何トカ新聞デハ……実際ハ知ラヌ……世間ガ騒イデ居ル様デアル。時節柄ドレガ悪イカ知レヌガ騒ギタテルトハ面白クナイ。何如《ママ》ナル人ガ何ヲ思フテ争フノデアラウカ。互ニ譲リ合フテヨク考ヘル頭イヤ心ガナイノカ」（一九二四年二月三日）

「新聞紙ニ報ズル所此ノ頃頻々トシテ汽車ノ脱線転覆ヲ企ツル者アリ。電車ヲ妨グルコトヲナスアリ。噫何人ノ所為ゾヤ、果タシテ日本人ナルカ、未ダ知レズトナンナリユクハコレ楽観スベキニアラズ。ムシロイナ〳〵大イニ憂ヘザルベカラズ。憂国ノ志士ヨ、起テ。我レ絶叫セザルヲ得ズ」（二月五日）

「東京幼年校生徒ノ退校スルモノ続々出ヅトノ新聞紙ノ報アリ。信ジ切ルベキニアラズ。続々ナド丶、コノ間御成婚当日ノ新聞ニ軍人ノ非常識ヲ書立テタル報アリシモ矛盾アリ」（二月六日）

「共産党事件ノ何トカ新聞ニノツテヰタ。悪イ奴ダ。ソノ者ニハ（犯罪人）新聞、雑誌ノ記者ガ各々数名、著述業ノ者数名ナドニテ総員二十九人トカ。ソノ職業ニツイテ注意スベキ点ガ多イ」（二月一八日）

勝雄の秘密を覗いた妹

不機嫌な顔ひとつ見せず、朗らかで頓知たっぷりに仲間たちを笑わせ、親には孝行息子で妹思いの優しい兄――。

二・二六事件に殉じた兄を終生語り続けたたまさんにとって、いつも微笑みを浮かべたような勝雄の面影は変わることがなかった。その兄のどこから、激しい憎悪、嫌悪、呪詛にも響く日記の言葉の数々が湧いてきたのだろう。

たまさんが『邦刀遺文』執筆のため、妹の目で勝雄の生涯と家族の歴史を書き起こした『記憶のノート』に、幼い頃に垣間見た兄の秘密めいた一面が語られている。

「兄が［青森］中学に入っていた頃、子供達が皆でかくれんぼをした事がありました。私も仲間に入れてもらえました。私は梯子を登り、まげに上がりました。まげというのは屋根裏の様な所で普段使用しない道具や古い本［教科書など］等をしまっておく所です。そこに隠れた私は、鬼がなかなか来ないので退屈になって、目の前にあるりんご箱に何が入っているのか見たくなって、蓋をあけました。

すると其処《そこ》には少年団の帖面［名簿や出席簿、成績表、日誌など］、それに見なれない本が少しありましたので、二、三冊見てみますと、㊙の印を押した本が出てきました。私は好奇心にかられてぱらぱらとめくってみました。すると其処には政治家の金の流れが名前を挙げて書かれていました。何々の椅子をいくらで買ったか、詳しく書かれてありました。私はかくれんぼを忘れ、只々びっくりするばかりでした。

私達が立派な人だと思っていた政治家が陰で何という汚い事を。猶《なお》も先を読もうとした時、私を呼んでいる声が聞こえてきました。私は、あわてて其の本を元の所に返して梯子を降りました。私は秘密をのぞいたのです。悪い事をした様にびくびくしました。兄はこんな事も知っているのかしら、それにしても何の為にと、子供心にもその事が頭から離れませんでした」

軍人は政治に口を出すべからず

原敬内閣発足に始まり、日本に本格的な政党政治が生まれた大正デモクラシーの時代は、勝雄の少年期と重なる。

当時の内閣総理大臣は天皇からの大命で任ぜられ、仙台陸軍幼年学校二年生だった一九二四（大正一三）年一月の日記にある清浦内閣は、政党内閣の流れの後、海軍出身者の加藤友三郎、山本権兵衛《ごんのひょうえ》に続いたもので、内務官僚出身で枢密院議長だった清浦奎吾首相以下貴族院議員によって占められ、時流に逆行する「超然内閣」と呼ばれた。

政党人である加藤高明、高橋是清、犬養毅《いぬかいつよし》ら護憲三派による憲政擁護運動（第二次護憲運動）が起こり、「特権内閣」打倒の政争が繰り広げられて、この年五月の総選挙で護憲三派は勝利。大衆を基盤とする政党政治はそれから八年間が全盛期とされる。

勝雄が中学一年生だった一九二一年一一月四日に、原首相が東京駅で一青年に刺殺される。当時の政友会政権は党利に絡む閣僚らの汚職事件頻発に揺れ、宰相暗殺も政治腐敗の一掃を訴えるテロだった。純粋で正義感の強かった少年の目に、大人たちの政治とその裏の暗黒面がどう映り、心に何が育まれていったのか――を、たまさんの『記憶のノート』は示唆している。その怒りと政治家への不信は幼年学校生の日記にも間欠泉のように噴き出した。

やがて政党政治の全盛期を海軍将校や国家主義活動家による「五・一五事件」（一九三二（昭和七）年）が終わらせ、さらに勝雄自身を、その四年後の「二・二六事件」でとどめを刺す役とさせる運命が待つ。

たまさんの『記憶のノート』は、屋根裏での秘密の記述に続いて、幼年学校時代の兄のこんな話を続ける。

「兄は大酒飲みの父［嘉七］を大変尊敬していました。男同士、私達［母や三人姉妹］には判らない、あいつうじるものがあった様で、父にはいろ〳〵の事を話していた様でした。

ある日、父は兄に向かって『軍人は絶対政治に口を出してはいけない』といましめました。私は、兄が注意された事は之より知りません。叱られたのも見た事ありませんでした。之が初めてゞ最後でした」

「抑《そもそも》国家を保護し国権を維持するは兵力に在れは兵力の消長は是国運の盛衰なることを弁《わきま》へ世論に惑はす政治に拘らす只々一途に己か本分の忠節を守り」——。

これは軍人勅諭の第一箇条「軍人は忠節を尽すを本分とすへし」の一節だ。日露戦争の出征軍人だった父嘉七は、息子の言説に危うさを感じたのか、先輩としてそのこと諭そうとしたのか。

宮城野原もとおくなりつゝ

勝雄の日記は続く。一九二四年三月一八日、仙台陸軍幼年学校最後の卒業式、二年生終業式の模様にはなぜか触れず、仙台を離れる心象をこうつづる。

「午後五時四十五分仙台駅ヲ発車ス。［中略］駅ニテ新聞ヲ見ル。我ガ廃セラレタル校ノ正門及ビ本日ノ卒業式ノ写真ノレリ。ウラムラクハ余コヽニテコノ好記念品ヲ失ウ」

日付が変わった三月一九日の青森行きの夜行列車で詠んだ、「廃校の日（汽車の中にて）」という歌を日記に残した。仙台陸軍幼年学校についての最後の記述になった。

宮城野は煙のとべるたえまより

暮れの顔にて我を送りね
かなしやな森の都も見えずなり
宮城野原も遠くなりつゝ
暮れてゆく山のはの雲を眺めても
学びやとぢし今日を思ほゆ

深い憾みを抱えた勝雄は、青森での春休みの後、転入先の東京陸軍幼年学校へ向かう夜行列車に乗る。変革の時代の裏面で、その痛ましい犠牲者のように、愛する古里には悲しき貧困の影が伸びていた。少年の心はまた痛ましく引き裂かれてゆく。

第三章　津軽義民への道

第一節　楽園は小作争議に消え

無垢なる童心の帰る地

「祖母ガ病気ナリト聞キタレバ早速弘前ニ向フ。昼頃浦町駅［青森市、現在は廃駅］ヲタチ、二時間許ニテ叔父ノ家ニツク。直チニ祖母ヲ見舞フ。スッカリ痩セ給ヘルニ驚ク、祖母ハ今年七十五才余命少キヲ悲シムベシ　叔父ノ家ニ泊ル」

勝雄が一六歳だった一九二四（大正一三）年三月二〇日の日記の一節である。

皇国軍人の志と精神をはぐくんだ仙台陸軍幼年学校がその二日前、「山梨軍縮」の一環で廃校となり、二学年を修了したばかりの勝雄が理不尽な思い、傷ついた心を抱えて帰省した春休みの出来事だ。

祖母とは、青森県田舎館村八反田出身の母親なみの母、阿保《あぼ》よし。幕末の一八五〇（嘉永三）年に生まれ、若い頃は武家屋敷に奉公した。

妹の波多江たまさんは、「祖母の家には幾振りもの刀、袴などの入った長持ちがあり、子ども心にも凛とした厳しさを感じた人」と、懐かしく回想した。

「孫たちをかわいがり、打掛けを私たちの冬の綿入れに仕立て直してくれたり、漁師や農家の

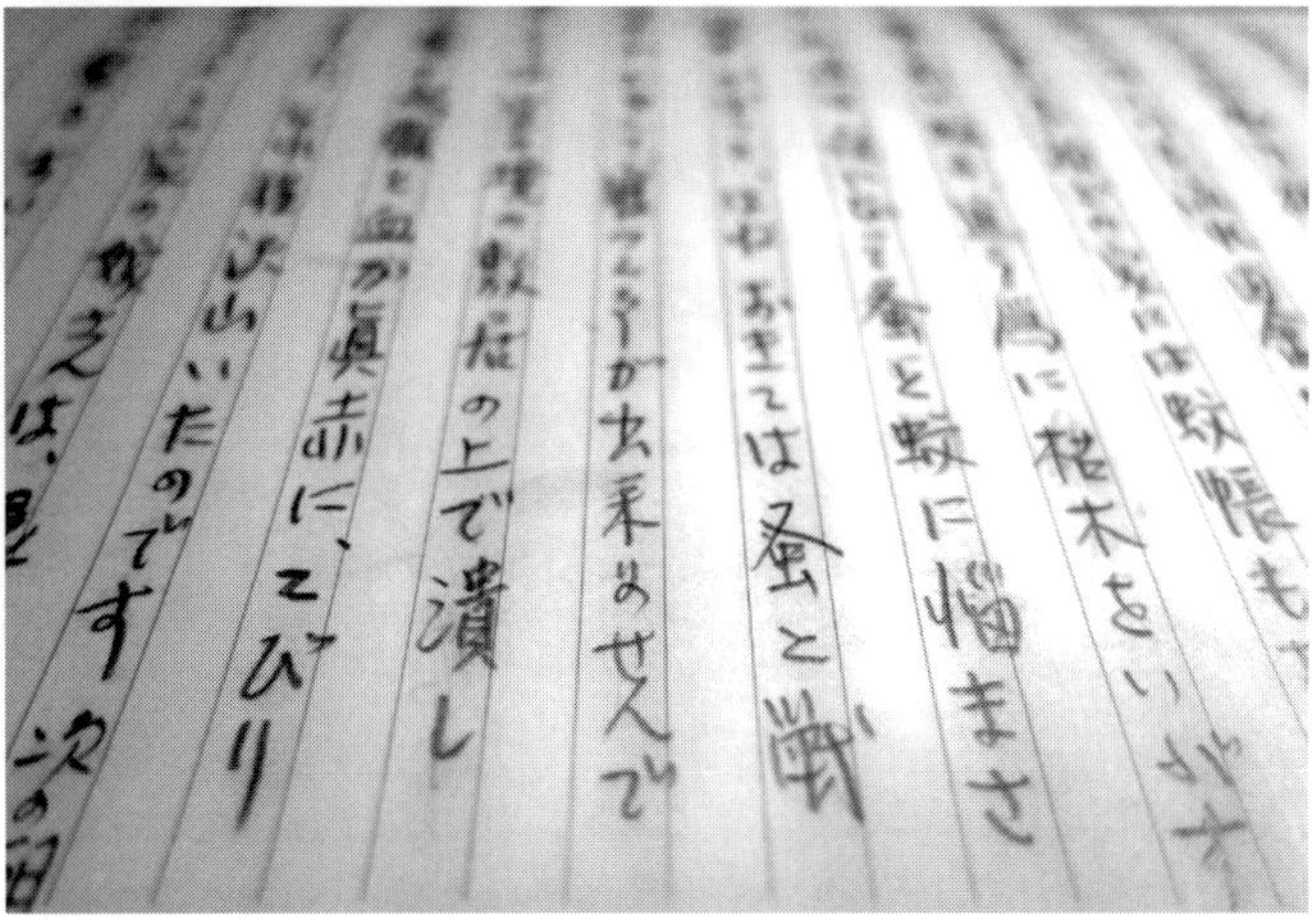

たまさんが兄勝雄と家族の記憶をつづった『記憶のノート』から、「農村の小作人の暮らし」と題した一節（波多江たまさん提供）

労苦がこもる食べ物を決して粗末にしないよう食事で教えたり、質素で物を大切にする立派な女性でした」

田舎館村は父嘉七の生家（同村垂柳）もあって親類が多く、勝雄の生まれ故郷でもあった（二歳で両親と青森市に移住）。対馬本家は、嘉七と一緒に日露戦争に出征した長兄永吉が継ぎ、たまさんら子どもたちは母親に連れられてよく訪ねた。

青森市相馬町の実家から弘前まで奥羽本線に乗り、さらに津軽平野の真ん中にある田舎館に向かう田園の道筋（一九二七（昭和二）年には弘南鉄道が近くまで開通した）は、母なる岩木山の姿とともに勝雄にとって常に懐かしく、無垢なる童心へと帰ってゆけた。

先の日記の続きには、「弘前に行く途中（昨日）」の題で、早春にも憂い濃い短歌二首が載る。

病む祖母を訪ふこの心淋しやな　枯木にうつる日はのどけきも
雪はえて明き山の村里は　北国の春を我にかたれり

夏休みを過ごした古里

たまさんの『記憶のノート』の中にこんな一文がある。

「自然が大好きな兄は、生まれ故郷の垂柳の村にも、おっくうがらずに度々遊びにゆきました。茲《ここ》には古い神社［神明様］がありました。境内にはものすごく深い井戸があって、おいしい水がのめました。お祭りには兄は踊りの輪に入って、大人の真似をしておどけて踊り、皆を笑わせました。兄にはよく友達ができました。この村にも幾人もの友達がいました。皆は兄の来るのを、たのしみにして待っていてくれました」

宿題や勉強など一日もせず、村の子らと陣取りや兵隊ごっこに夢中になり、納屋に入っては頭からワラをかぶってブーブー豚のまねをして、ヒビ［シビ。津軽弁でワラ屑］だらけになって遊びほうけた。

清冽な雪解け水に満ちた水田の輝き、日露戦争への村の出征者たちを顕彰する石碑が残る神明社、村の子どもと遊ぶ勝雄を見守ったであろう境内のイチイの古木。田舎館村にはいまも、当時とほとんど変わらぬ景色がある。

たまさんは、小野銀次郎という勝雄の遊び友だちの弟の懐旧談を『邦刀遺文』に記している。

「弘前の三十一聯隊の兵隊さんが行軍をして垂柳村の前を通ると、紺がすりの着物をきた勝雄さんが棒切れを鉄砲のように肩にかついで隊列の一番うしろから、大きく手を振りながらどこまでもどこまでもついていったものだった」

のどかで楽しい思い出にあふれた農村には、しかし、子どもの目にも残酷なほどの貧しさが同居していた。たまさんの四歳上の姉タケ（結婚して白井姓）の言葉が同じ『邦刀遺文』にある。

「私は［母の実家の同村］八反田の農家の娘たちと一緒に縄をなったり筵《むしろ》を織ったりしたこともあります。農家はみんな貧乏暮らしでした。小作人がどんなに貧しい暮らしをしていたか、今の人には想像もつかないことでしょう」

想像絶する貧しさ

よほど強烈な体験であったのだろう。たまさんが『記憶のノート』に「農村の小作人の暮らし」として詳しく記し、私にもじかに語ってくれた話がある。たまさんが小学校高学年だった大正の末（一九二五〜二六年）と思われ、一編のルポルタージュといってもいいほど克明な小作農家の暮らしの描写である。

「私は夏休み、ある村に泊った事があります。其処の家は大家族でした。とても貧しく、農家なのにお米をあまり食べていませんでした。畳はぼろ〳〵で穴があいて床の藁がみえてました。この家では畳の室［部屋］は一つで一番よい座敷だったのです。あとはみな板の間でした。私達は其の座敷に泊めてもらいました。電灯は一つよりなく、室と室との境に下げておき両方の室に使用していました。

初めて泊った其の夜おそく、ふと話し声で目がさめました。すると其の家のおばあさんがうす暗い裸電球を手もと迄おろして、おぢいさんの下着のつくろいをしていました。眠ったふりをして聞いてますと、下着（肌じゅばんの様でした）の破れたところに当布がないと云って困っていたのです。夏の暑い夜でしたので、おぢいさんは裸に晒木綿《さらし》の越中褌《ふんどし》の白いのをしてましたので、いきなり褌の先を自分でばり〳〵とさいて之をおばあさんに差し出しました。私はびっくりしてしまいました。だが、おばあさんはおどろきもせず、平然として其の褌の切れはしを受取り破れを直し仕上げました。

この家の廻りには小川も流れ、田舎なので木も草も多く蚊や虫も多いのに殆どの家には蚊帳もありませんでした。寝る前に蚊を追う為に枯木をいぶすだけでした。私達は、夜になって蚤《のみ》と蚊に悩まされました。一晩中がばっとはねおきては蚤と戦いました。体中がかゆくて、寝つく事が出来ませんでした。蚤をとっては室の境の敷居の上で潰し、親指の爪は蚤の死骸と血が真赤にこびりついて固まってしまいました。それ程沢山いたのです。

次の朝ぼうっとして起きると、この家の嫁さんは縁側でおかっぱの子供の髪をすいていました。子供の膝の上には、大きな紙が広げられ櫛ですく度に何か黒い胡麻の様なものが頭からぱら〳〵と沢山おちて来て動いているのです。何だろうと思って、のぞくと虱《しらみ》でした。この辺の子供は体にも虱がついています。頭につく虱は真黒く、体につく虱は白いのです。初めて知りました。と同時にびっくりするばかりでした。

この村には風呂屋さんがありません。四キロも田舎道を歩いて風呂に行くのです。したがって、風呂に行っても帰りには、がん〳〵する日光を浴びて、木の少ない田圃の道を帰るのですから、家に着く頃は汗と埃で又もとの体です。

食物も粗末で野菜は有りますが、良いのは売るので自分達の口には、ろくなものが入りません。それ程貧しいのです。皆な心では嘆いても、不平も言わず、一生懸命生きていたのです。

皆なの寝室の中には、馬小屋の様に藁が敷いてあり、藁の上には布が敷かれて居て雑魚寝でした。子供達は寝巻もなく丸裸で寝てました。パンツもはいてなかったのです」

巨大地主と小作人

大正末期の東北の農村は、地域の田畑を独占所有する巨大地主の時代となっていた。一九二四（大正一三）年、農商務省が五〇町分（ヘクタール）以上の農地を所有する者を各県ごとに調査し、青森県内では一〇五人の名が挙がった。

水田で最大の地主は六〇九町分という北津軽郡五所川原町の佐々木嘉太郎（金貸業）、次いで同町で三六五・六町分の平山又三郎（金貸業）、上北郡七戸町で三二七・五町分の盛田喜平次（農業）と続く。

このランキングの六番目に作家太宰治の父親、北津軽郡金木町で二一八・九町分の津島文治（金貸業）がいる。

対馬家の古里、田舎館村にも一二二・八町分の佐藤源蔵（農業）を筆頭に三人の大地主がいた。

『青森県農地改革史』（一九五二年）によると、これら一握りの大地主だけで県内全耕地の一五％を所有し、総計一万六九三二戸もの小作人を傘下に抱えて耕作させていた。

明治維新後の地租をはじめ国、地方行政が課す重い租税、度々の凶作、金貸しでもある地主への借金の累積、第一次世界大戦後の不況による米価下落、抜け目ない仲買商人の買い叩きなど、農家の首を真綿で締めるように重なった歴史が小作人の零落を進め、さらに地主の権利が圧倒的に優越する小作の契約・慣習が逃げ場なき貧困へと追い込んでいった。

東北のどこにも同様の現実があり、一九二五（大正一四）年に始まる事件を扱った秋田県の『森吉町史』資料編の『阿仁前田小作争議報道記録集』（一九七七年）に、背景として次のような理由が記されている。

「小作契約、それは地主と小作人の農業経営及びその家計の基本になる小作契約の上にも露骨に所有権の一辺倒があらはれ、口約束、証書契約を問はず小作料は大体平年収穫高の半分が常例であった。この荷重負担は小作人に蓄積を残す余裕を与えず、一たび凶作に遭うとか、長わずらいすれば地主の情にすがって小作料を負けて貰い、飯米を借りその上翌年の作扶持まで借りて窮場をしのぐのが普通であった」

「勤勉な小作人は模範として賞賛されながら親代々の小作人の立場で大地主を一層大地主たらしめた。大地主の小作人はその『出入り』であることに誇をすら感じて居た」

「五公五民」の言葉が残る江戸時代の重い年貢と何ら変わらず、ロシア帝政時代の農奴にも似た状況に忍従した小作農家もやがて、怒声とともに団結し窮状改善を訴え始める。大正一〇年代から全国へ爆発的に広がった小作争議である。

それ以前にも、政府が産米の品質標準化のため一九一五（大正四）年に導入した「米穀検査制度」をめぐり、小作人の負担が増えたり、制度普及の奨励米給付を地主側が拒んだりしたことへの抗議が、西日本などで盛んに起きた。

だが、第一次世界大戦とロシア革命の後、民主主義、社会主義などの新思潮と労働運動の広がりが小作争議に新たな火を点けた。とりわけ封建的といわれた東北の農村でも、前述の阿仁前田（秋田県前田村）とともに大規模な小作争議の嚆矢となる事件が一九二六（大正一五）年、田舎館村と同じ青森県津軽の車力村《しゃりき》（現・つがる市）で起きた。『車力村史』（一九五二年）などの資料を基に経過を再現してみたい。

車力村小作争議

津軽半島西岸にある車力村で小作争議が始まったのは一九二六年五月一日の早朝。村内や近隣の木造町、中里町、稲垣村などから約六五〇人の小作人が鎮守の森に集い、

「聞け万国の労働者　轟きわたるメーデーの　示威者に起こる足取りと　未来を告げる鬨の声……」

とインターナショナルの歌を響かせた。

むしろ旗、赤旗を翻してのデモ行進は、青森県で初めてのメーデーと記録される。

デモの先頭にビラを貼った戸板を掲げ、

「小作人から田畑をとりあげるな」

「小作人から飯茶碗を取り上げるな」

「小作料をまけろ」

「小作人を人間扱いにせよ」

「小作人の生き血を吸う鬼畜地主を倒せ」

などのスローガンを訴えた。

その二年前、車力村農民組合が村の医師岩渕謙一と仲間の農民らによって組織され、浅沼稲次《いねじ》郎《ろう》らの日本農民組合関東同盟、青森出身の労働運動家・大沢久明《きゅうめい》らの北部無産社などが小作争議を支援。昔の突発的な百姓一揆と異なり、小作人の権利と農村の貧困をめぐる問題の抜本的解決を求め、地主と全面対決した。

「底なし沼の米作り」という絶句させられる写真が、『車力村史』の小作争議史の項の末尾にある。手拭いを被り野良着に手甲《てっこう》（腕から手の甲までをおおう布）の農夫が、胸まで泥田に浸かって苗を植える姿だ。

湿地の多かったこの地方では津軽藩時代から新田開発が進められたが、日本海とつながる十三湖から塩水が逆流しやすく、排水環境も悪く水害が頻発し、また本州北端の冷害常習地でもあった。そこで生きる農民には、腰まで浸かれば「腰切り田」、胸なら「乳切り田」と言われた泥田の重労働が加わった。

「隔年的に水害と冷害に悩まされる、減収による小作料の減免を乞うと地主は、弱い者には、玄関払い、手答えの［反発するの意］小作人には酒肴で誤魔化して、一粒も負けてくれなかった」（『車力村史』）

収穫高の五〜六割の小作料ばかりでなく、新たな田畑を借りると小作料一年分を前納する「前作米」（収穫期には正規の小作米も納める）、また四年に一回は地主への感謝の印に小作米一年分を献ずる「礼米」という理不尽極まる慣習も存在し、農民を苦しめ続けた。

冬とて体を休めるいとまもなく、多くの男たちが北海道、千島の漁場などへの苛酷な出稼ぎに向かった。

「底なし沼の米作り」（『車力村史』より）

車力村小作争議は、十三湖に注ぐ岩木川の大水害の後でさえ容赦なく平年の小作料を取り立てる地主に対して、農民が軽減を要求し、地主側は小作地取り上げで対抗しようとし、双方が互いを不当と訴える裁判闘争に発展した。

車力村の争議は新聞報道や労農運動のネットワークを通じて県内外に伝えられ、村内だけで計一〇地区に農民組合が次々と結成された。

二四〜二五歳の青年が集った車力村農民組合のリーダー岩渕謙一は、村唯一の医院を父親から受け継ぎ、農耕馬にまたがり無休で往診にも出掛けた。患者は小作人の家族。泥田での重労働と過労、貧しい食生活による栄養失調が原因の結核や神経痛、家々で燃料にするサルケ（湿地土壌の泥炭）の煙によるトラホームが多かった。

岩渕は家財を切り売りしながらの無料診療とともに、生卵などを患者に配り、「病気を治すには貧乏を追放すること」を信念にしていった。小作人たちと膝詰めの座談会、研究会を重ね、「挨拶の仕方が悪い」というだけで小作田を取り上げるまでの地主の横暴と闘うため、農民たちの団結と行動を呼びかけるに至った。

「二・二六事件の原点」

「車力村小作争議は、二・二六事件の原点だった」——。

同事件で刑死した青年将校らの遺族会「仏心会」（香田忠維代表理事）の監事、今泉章利さんは、「昭和維新」を合言葉に国家改造を訴えたかつての青年将校の一人、末松太平（故人、著書に『私の昭和史』みすず書房、一九六三年）からこう聞かされた。

事件後に禁固四年の判決を受け免官された末松は、青森市にあった陸軍歩兵第五連隊の大尉だった。陸軍士官学校予科時代の一九二五（大正一四）年に見習将校として第五連隊に配属され、一九二七年春、士官学校本科の卒業（三九期）とともに同じ連隊に復帰した。その間にも車力村小作争議は激しさを増しており、農村の過酷な現実をリアルタイムで見聞していた。

今泉さんが末松を千葉市の自宅に訪ねたのは、八八歳で亡くなる三年前の一九九〇年五月。その前年、末松が雑誌『史《ふみ》』（現代史懇話会）に連載中だった『二・二六事件断章』に、士官学校で二期下だった青森ゆかりの同志、勝雄をしのんで書いた『津軽義民伝』を、今泉さんが読んだことがきっかけだったという。（以下はその一節）

「二・二六事件は軍服を着た百姓一揆であった。対馬中尉に於いては、郷里津軽農民の構造的貧困を抜本的に救わんがための蹶起であった。正に津軽義民伝であった。部分である農民の救済は全体の国家の革新なくしては不可能である」

「昭和維新を志す青年将校は眼前の国政の腐敗を座視できず、非合法急進こそが昭和維新達成の道であり、青年将校の使命であると覚悟した。その代表的存在が対馬中尉であった」

「その時、末松さんは真っ先に車力村小作争議の資料を見せてくれ、『これこそ二・二六事件の原点』ときっぱりと語った。泥田に農夫が漬かった写真のある『車力村史』だったと思う」と、今泉さんは回想する。

当時の地主階層は地場の金融や産業をも牛耳り、名士として町村や県から優遇され、地元選出議員や首長などの座を占めた。高額納税者には貴族院議員資格も与えられ、中央でも大きな政治力を誇り、政府もまた国家安定の盤石の土台として彼らを保護した。

岩渕謙一医師は最後、地主らが力を持つ村会（現在の村議会）から医師資格剝奪を決議され、車力村から追放同然に退去させられた。農民組合もやがて官憲の露骨な弾圧に遭う。

しかし、巨大な壁のような地主たちに挑み、先駆けとなって農村問題解決を訴えた岩渕や小作人たちの行動を、末松は深い共感をもって青年将校たちの蹶起と重ねたのだった。

少年時代の終わり

勝雄の心を癒す場所だった農村は、すでに大正年間には純朴なる「楽園」ではなくなっていた。東京陸軍幼年学校の三学年に転入後の一九二四年の日記でも、

「講道館ニ柔道見学ニ行ケリ」

「上野博物館見学ヲナシ、芝高輪泉岳寺ニ御参リス」

「東京陸軍少年学校卒業将校ノ同窓会当校ニテ挙ゲラル。秩父宮雍仁親王殿下　賀陽宮恒憲王殿下　本校ニナラセラル」

といった東京の華やかな日常風景の間から、切ないほどの望郷の思いが湧き出す。

「思ひ出づるまゝに（晩）
祖母逝きて三月はたちぬ夏に入りぬ
夕べの葉風淋し泣きたし」（六月二三日）

「祖母の死　七月四日
今年卯月の　花ほろと
散りて淋しも　その夕べ
津軽の野辺に　月いでゝて
我が祖母逝くを　てらしけり

黄泉にたつを　てらしけり」（手帖断片）

勝雄にとって祖母の死は、村で人気者の少年でいられた日々の終わりを告げるものでもあった。

小作争議はさらに燎原の火のように広がり、一九二八（昭和三）年には田舎館村でも農民組合が結成された。

たまさんは、休みに古里へ帰るたび笑顔の裏で苦悩を膨らませていった兄に思いを馳せ、『記憶のノート』につづった。

「兄は、この様な農家の生活にたえず接して来たのです。農村の中でも最もみじめな小作人の暮らしを肌で知っている兄の心中が私にも徐々に判って来ました。［農民は］食うや食わずの中でも美しい心でも汚れた金には手を出さず、本当に美しい心で村をささえたのです。

この様な農村の働き手の若者が［やがて］国の為、陛下の為と勇んで戦地に向かったのです。兄は、自分よりも何段も下の暮らしを見て育ちました。純な心には、一寸した不正も許せなかったのです。この貧しい農民と陛下の為に、命はいつでも捧げる覚悟は出来ていたのです」

同胞の苦しみを我が苦しみと背負った先には、自らも「津軽義民」の道をたどるほかない未来が続いていた。

第二節　昭和四年　運命の出会い

姉タケの上京

一九二九（昭和四）年の正月。対馬勝雄は一八歳になり、仙台、東京の陸軍幼年学校を経て、将校養成の教育機関である陸軍士官学校（東京市ケ谷台、現・防衛省の所在地）の予科、本科で学び、卒業を半年後に控えていた。

帰省した青森市相馬町の対馬家の家族には、小さな変化があった。三人の妹たちで長女のタケ（当時一六歳）は三年前の春に上京したのだ。

タケの三歳下のたまさんの『記憶のノート』によれば、次のような思わぬ出来事があった。一九二五（大正一四）年一一月初めの寒い日、父嘉七の実家、田舎館村垂柳の兄と弟が前触れなく訪ねてきた。二人は小作人で暮らしは貧しかったが、この季節になると必ず秋餅をついて相馬町の一家に届けてくれた。

「だがこの度は、何か云いにくそうに二人共、もじ〳〵していました。どうしたのか、と父が何回もたずねると、実は娘を一人貸してもらいたいと云うのです」

「くわしく聞くところによると、地主のお嬢さんが東京に嫁ぐんだが、女中さんがほしいとの事で、あんたの所は娘が三人もいるんだから、私達の顔をたてて是非、姉娘をたのめないかとの事でした。父は、びっくりしました」

地主の娘の嫁ぎ先に付けてやる女中を、身内の小作人の娘から選ぶ。どんな無理やりな指名でも、応えねばならないのが奉公人の務めのうちだった。

そんな慣習を知りながら、とりわけ小柄な長女を遠くに離すのは忍びなく、嘉七は返事を渋った。

そのころ東京は外国のような別世界で、かつて勝雄を仙台の陸軍幼年学校に出した時も親子泣き別れの旅であった。だが、古里の伯父たちは「何とか、何とか」と頭を下げるばかり。そこで条件を付けたのが母なみだった。

「女中は困るが、行儀見習いなど家事を教えてくれるなら、東京にやりましょう」と、大岡裁きのような解決案を出した。嘉七は「女に教育はいらない」という保守的な明治の男だが、なみは「女の子も外で働けるよう、手に職を持たせたい」と正反対の考えだった。地主の求めに困り果てていた兄弟も「よく先方にも云います」と二つ返事で、お土産の魚ももらって大喜びで帰っていったという。

タケは翌年五月に東北本線の列車で上京し、上野駅で勝雄に出迎えられた。「母は、娘の将来のために手離しました」と、たまさんはつづった。東京の住み込み先となったのは、鷺《さぎ》ノ宮《のみや》の安部金之助という英語教師の家で、行儀見習いばかりか勉強も教えてくれた。

「のちに姉は其処から女学校を受験する事になりました。ただし父は、人の世話になって女学校に入ることは許さない、と云いました。仕方なく姉はお小遣いをためて二年後に、東京女子専門学校（東京家政大学の前身）を受験して入学しました」

嘉七の負けだった。母の思いを娘は受け継いで、自らの志を貫いた。後見人になった安部は謡、俳句、連歌、漢詩などにも通じた教養人で、士官学校から妹の様子を見に訪ねてくる勝雄も歓迎し、談論風発を楽しんだ。安部との縁は、勝雄の短い生涯の最後まで続く。

「ひねくれるな　はかなむな」

このころの対馬家は陸奥湾の浜の家で、町内の水産加工場群に交じってイワシの焼き干し作りを本業にするようになった。嘉七が毎朝、一〇キロの木箱入りのイワシをたくさん仕入れ、家族と近所の主婦が手作業で頭を取り、串に刺して炭火であぶった。学校帰りのたまさんをはじめ、小学一年生ほどの子どもらも手拭いをかぶり、たすき、前掛けをして働いた。晩ご飯のおかずも、焼いたイワシになった。

焼き干しだけでなく、煮干し、イワシの油、肥料、飼料、さらにカマボコや魚の干物、フカヒレ、肝油の製造まで嘉七は手を広げ、頑固なまで誠実な仕事ぶりが商売筋の信用を得て、貧乏暮らしも少しずつ良くなっていった。

しかし、相も変わらず家族を困らせたものは、家の台所事情を顧みぬ嘉七の人助け癖だった。

「あまり知らない人にも、暮らしに困っているなら、お米でもお金でもくれてやりました。わが家が困ってもです。ある夕方、やせてみすぼらしい男の人が風呂敷包みを持ってきました。お金は必ず返すが、之は担保だというのです。父は、お金は利子も何にもいらないから、返せるようになったら返しなさい、と云いました。証文も何にもいらないんだから、包みを持って帰りなさい、と」。『記憶のノート』は続く。

借金を請いに来た男もよほどの堅物と見えて、頑として聞かず、「貸してくださっただけで親子は助かります」と何度も礼を言って、無理に包みを置いていった。後でなみが開けてみると、五、六歳の女の子用の赤い花模様の着物が出てきた。値は大した品ではなかったが、「本当に困っていたんだ、と母は気の毒そうにしました。可哀想で駄目だから先方に返そうと、次の日、近所の人に持っていってもらいました」。

そして、嘉七は酒を飲んだ。夜になると、酒飲みの仲間も集まってきた。

「大酒の人ばかりで、飲むとくどくなる人、はしゃぐ人、寝込む人、歌う人と、とてもにぎやかでした。どこにも貧乏人がごろごろしていて、どうにもならない暮らしがやりきれなかったのでしょうか」と、たまさんは回想した。それはつらい思い出でもあった。

「私は、酒飲みの客が来る度に一升瓶を持って、雪の中をお酒を買いにゆかされました。本当にいやでした。何回も行く時は泣きたくなりました」

その頃の店ではお酒は量り売りで、帳面につけられた借金が絶えなかった。そんな時、勝雄が家にいると、読んでいた本を伏せて、たまさんの手から黙って一升瓶を取り、代わりに買いにいってくれた。

士官学校から帰省していた昭和四年の正月も、相馬町は深い雪の中だった。

「一日に何回となく一升瓶を持って酒屋を往復する私を見て、可哀想に思ったのでしょう。士官学校に帰る時、そっと折りたたんだ手紙のようなものを渡してゆきました。それには、次のような事が書いてありました」

妹等にあたふ　昌風［当時の勝雄の用いた号］

たらちねのまづしき庭にあれたれば
行けあきらめの　ひとすじみちを
あまつさへ　酒のむ父に仕えんは
無限の慈悲のなくばあらぬを
無限の慈悲　佛の心　汝等に
過ぎし務めと　誰かおもはざる
ひねくれるな　はかなむな今
一時の忍苦と思へ　をしき妹よ

昭和四年一月五日　上京前

この一文をしたためた紙片は、たまさんが兄の遺品として保管していた。

勝雄は同じ日の日記にも、

みちのくの冬の寒さに明暮れを　人は酒欲《ほ》りまづしかりけり
酒かひにふぶくさなかを幾度か　どれいの如き妹かなしも

など一四行の前書きを加えた、古里の貧しさへのやりきれぬ諦念、家族への切ない愛情の込もる詩篇として残し、後ろ髪を引かれる思いで真っ白な雪の青森を後にした。

「国家改造」の気運

勝雄はこの間、一九二七（昭和二）年三月の士官学校予科（教科は旧制高校に準ずる）を卒業した後、古里田舎館村に近い弘前市の歩兵第三十一連隊に士官候補生として配属された。軍隊のさまざまな実務を見学し、野外の演習に参加して現場体験に明け暮れ、翌年一〇月に東京に戻って本科に進み、本格的な軍事学専門家、軍隊指揮官への学びを重ねていた。学校の日々が勝雄の日記には淡々と記されるが、東京という磁場が引き寄せた政治批判も噴出してくる。

一九二八（昭和三）年の日記（『忍笑』と題する）の三月二五日をひもといてみる。

「最近陸海軍大臣文官制我国政府内ヨリ問題トセラレアリ。余ハソノ根本的ナル利害ハ知ラズ。或イハ形式上之ガ実現ハ難［カシ］カラザルモノナルヤモ知ラズ。但、精神的ニ考ヘテ吾人軍人ガ文官タル大臣ヲ戴クコトハ頗《すこぶ》ル好マシカラズ」

現在の防衛省トップたる大臣を国会議員が担うことは、日本国憲法における国民主権下、防衛力たる自衛隊を文民が統制する「シビリアンコントロール」の象徴である。昭和前期の軍部の権力強大化、戦争への暴走という歴史への反省に立つことは常識だが、戦前の大日本帝国憲法では天皇が最高指揮権者として陸海軍を統帥する、いわゆる「統帥権」（第十八条）が政党政治から独立したものとみなされた。

その権威を傘に陸海軍が大臣のポストを聖域化し、歴代内閣に現役武官を送り込み独占していた。内閣の政策が軍との対立や不都合を招く事態があれば、大臣を辞めさせて倒閣、阻止できるという脅威を「伝家の宝刀」にした。

そうした力関係を変えたのが、前述したように第一次世界大戦後の一九二二（大正一一）年、戦争忌避の国際情勢を背景に列強間で結ばれた「ワシントン軍縮条約」である。

日本でも海軍の軍艦建造制限、陸軍の「山梨軍縮」「宇垣軍縮」などの軍備縮小が、民主主義を求める大正デモクラシーの国民世論高揚をバックに実現され、軍部は政党政治に初めて膝を屈した。軍の権威失墜、軍人の軽視蔑視が世間で露わになったのも一九二〇年代だった。

その流れで論議に登場したのが、勝雄の日記にある「陸海軍大臣文官制」だ。日記の前年、一九二七年には第一回普通選挙も実現し、政党政治は全盛期にあった。軍縮の世論をてこに軍部の力を一気に削り、抑え込もうと政党側が持ち出した案だった。

そこから、軍縮で血を流させられ、蔑視され、存在価値を問われた軍人たちの反発が強まっていく。勝雄自身、軍人への志を立てた仙台陸軍幼年学校も軍縮の煽りで廃校とされ、誇りを傷つけられた「被害者」体験がある。その憤りを深くさせたものが、政党人の汚職頻発だった。

「近時政治家ノ腐敗ハ屢々《しばしば》怪事件、醜悪摘発ヲ起シタリ。吾人ハカカル政治家ノ手ヲ経テ直接養ハルルヲ潔シトセズ」と日記は続く。

二大政党の政友会は三井、民政党は三菱、と財閥を資金源として癒着し、普通選挙と事後の国会では目に余る買収が横行した。「松島遊郭疑獄」（遊郭移転をめぐる汚職）をはじめ政党人の利権漁りの贈収賄、陸相として政府に妥協し軍縮を断行した山梨半造大将自らの汚職醜聞も露呈し、新聞をにぎわせた。

農村と庶民の貧困、窮乏を肌で知る若手軍人らの政治家、陸軍上層部、財閥への憤りは、「国家改造」の気運へと導火してゆく。

士官学校を卒業し、弘前の第三十一連隊に配属された頃の勝雄と母なみ（波多江たまさん提供）

大岸頼好との面会

一九二九（昭和四）年一月五日、正月休みを終えて青森を汽車で発った勝雄は、そのまま上野へ向かわなかった。夜行の車中泊をして明くる六日の朝、途中の仙台で下車する。日記によれば、仙台陸軍幼年学校時代の同期生、桜井亮英を訪ね、右足をけがして切断し一七歳で軍人の夢を諦めた親友と旧交を温めた。さらに幼年学校、士官学校も同期である地元出身の小松冬彦の家に寄って歓待され、昼食をごちそうになった。

だが、旧友との再会だけが仙台下車の目的ではなかった。

日記は次のように続く。

「午後三時〔小松家を〕辞し大岸中尉殿宅ニ至ル不在、街ヲ一巡シテ来リシニ夫人在宅、中尉殿ハ週番ナリト。依ッテ学校ニユク、迷ヒタルモ行キツキテ面接ス。入浴後馳走ニナリ且ツ食ヒ且ツ語ル、

1、余自身ノタメ語ラレシコト

2、日本ノ現状ト国家ノ急務

3、個人ト社会ノコト

4、「クシハイ〔何かの暗号か〕」ノコト　等々

九時潔ク訣別シ市電ニテ仙台駅ニ至ル。〔中略〕駅ニ於テ小松ト一緒ニナリ十時発上野行キニ乗ル」

日記を所収する『邦刀遺文』には、一月六日の項の後に「大岸頼好《おおぎしよりよし》であろう。対馬の生涯を決めた会見といえる」という編注がある。同書末尾の資料にも、勝雄と家族以外の人物では唯一、大岸頼好の軍服姿の大きな写真が載る。何者なのか。

「考へて見よう。農村、文化の母たる農村。繁栄の源泉。農民吾等こそ皇国の母。父たる志尊［天皇］と血を通はせて。一君即ち万民、宗廟［皇祖の御魂の社］即社稷《しゃしょく》［国家］。全日本的輪中意識の発電所。

吾等は耕せる田を見る。亀裂が入ってゐる。皇国的全一的精神生活の破綻。経済生活の亀裂。吾等が見たる都市を救わねばならん。瀕死の都市を。そして同時に母たる吾等自らの農村を。［中略］牢記せよ。皇軍精兵の六〇％は我等農民の出だ。日清役に日露役に生を捨てて義を取った。士魂即農魂。［中略］百姓こそ危国日本を救ふ（筆者も百姓の児の一人なるを悦ぶ）。全日本的輪中意識の中枢は天皇也。而して全日本的輪中意識の内包、拍車、槓杆《こうかん》［てこ］皆、是れ百姓也」

大岸頼好（『邦刀遺文』より）

大岸が神田徳造という筆名で、国家主義社大川周明が主宰した月刊誌『日本』（行地社）の一九二九（昭和四）年九月号に発表した論文『全日本的輪中意識』の一節である。「輪中」とは、洪水から集落を守るための堤防で囲まれた地域の共同体を意味する。
論文発表の前年一〇月、岐阜県内の木曾、長良、揖斐《いび》三川の水害防止を目した

仙台陸軍教導学校の講義風景（当時の絵葉書）

改修工事をめぐり、農地を放流ルートにされた七つの村の農民数千人が県に生活防衛を訴えて反対し、警官隊の弾圧に屈せず闘った末、翌一九二九（昭和四）年一月に工事変更を勝ち取った。犀川《さいがわ》事件という。

大岸はこれを伝え聞いた農民の団結と行動の力に共鳴し、天皇の下で平等一体となる農民と皇軍兵による国家改造の闘争を理想に掲げた。

大岸はこの時、仙台陸軍教導学校（曹長、軍曹ら下士官の教育機関）の教官で歩兵中尉。高知県の農家に生まれ、初任地だった青森県の歩兵第五十二連隊が軍縮で廃止され、青森市の第五連隊への転属を経て、一九二七（昭和二）年から仙台勤務となった。

広島陸軍幼年学校にいた一九一八（大正七）年の「米騒動」で民衆の力に感化され、東京の士官学校時代には社会主義者、共産主義者らの会合にも出入りし、東北の農民出身の兵士たちを教育する現場で農村問題に傾倒した。

「農民出の兵士の家郷をして、惨状被敗、今日現場の如くに放置し去って、果たして報国尽忠堅固の精兵を望み得るか」（『日本』一九三〇年三月号の論考『良兵良民教育の徹底』）

このような農村からの国家改造の論者に、勝雄が会わずにいられるはずはなかった。

救国ノ名ニ於テ軍人ハ起ツ

大岸との初めての面会で、勝雄が心酔したと思える記述が、東京に戻ってからの一月二七日の日記にある。

「昨日『一ノ展望』（大岸氏述）ヲ読ム。未ダ決定的ニ余ノ解釈ヲ下シ得ナイガ、先般仙台ニ於テ断片的ニ承ハリタルコトガ合点ユキタル感ジス。氏ノ展望ノ卓越ナル敬服措ク能ハズ」（『一ノ展望』は大岸が当時発表した論考か。調べた限りでは手掛かりがない）

その後にすぐ続く文章は、それまでの日記には見当たらぬほど激越、攻撃的な口調になっている。それも大岸の影響の表れ、あるいは生来の純粋さが「ある方向」を得たから、といえるのかもしれない。

「第何十何議会カ最近開会セラレタリ。政党屋、政治屋、国ヲ毒スルコト頗ル大ナルヲ思ハシム。彼等ハ国家ノ急務、重大事ヲ論議スルコトナク、政争ノ具ニ適スルモノニ主力ヲ注ゲル明白ナリ。

重要国策ハ一時ノビ（弥）縫糊塗ヲ以テ忽セニシ。己ノ地位ノ安固ノミ之図ル、在野党ノ議員亦飢エタル群犬ノ如シ。醜状烈シ『軍人ハ政治ニ拘ラズ』コレ正シキ政治ノ行ハレアルトキノ標準トシテ言フモノナリ。

叡聖文武ノ明治大帝ガ政治ノ混乱セルトキヲ標準ニオ示シアリタルコトナシ。政治ノ名ニ於テヾナク、救国ノ名ニ於テ軍人ハ起ツデアラウ」

「軍人ハ政治ニ拘ラズ」は、明治天皇の「陸海軍軍人に賜はりたる」（軍人勅諭）の有名な戒めの一つ。

本書第二章の「廃校の憾み、少年に宿り」に、

「ある日、父は兄に向かって『軍人は絶対政治に口を出してはいけない』と戒めました。私は、兄が注意された事は之より他に知りません」

という、たまさんの回想がある。日露戦争の出征軍人だった父嘉七が、幼年学校生だった勝雄を先輩として諭した場面だった。

軍人勅諭は金科玉条であり、嘉七の言葉は軍人の常識だった。

ところが、「政治が混乱した時は、政治ではなく、救国の名において軍人は蹶起す」と、勝雄はいわばクーデターの肯定へと一歩踏み出したのだ。

大岸とともに当時、青年将校の運動の中心的存在になっていたのが西田税《みつぎ》である。

鳥取県米子市出身で、大岸と同じ広島陸軍幼年学校を卒業後、士官学校（三四期）在学中の一九二二（大正一一）年に革命理論家の北一輝と出会い、著書『日本改造法案大綱』を綱領として青年将校を結集する国家改造運動を志した（途中、病気で依願予備役）。

一九二七（昭和二）年、軍隊を動かす革命戦の秘密組織「天剣党」の旗揚げを準備したが、呼

び掛け段階で摘発された。

大岸は、こうした西田らの考えとは一線を画していた。軍隊は革命の手段、とは考えず、仙台教導学校で出会う農村出身の教え子たちに希望を託した。

青森の第五連隊の大尉で運動の同志であった末松太平は戦後、大岸のこんな言葉を著書『私の昭和史』に記した。

「ここで爾後、大岸中尉は『明治維新の原動力は下級武士、すなわち下士だった。昭和維新も下士からだ』と下士官候補者学生の自覚を高め、第一期生の菅原軍曹のほか、革新への共鳴者を何人か教え子のなかから養成するのである」

西田、北は民間人ながら一九三六（昭和一一）年の二・二六事件に連座し、勝雄ら一七人の蹶起将校らと共に銃殺されるが、不参加だった大岸は共犯の事実なしとされ不起訴となる。運命は分かれるが、勝雄はそれでも事件後の憲兵訊問調書で「尊敬シタ人」として大岸の名を筆頭に挙げた。

昭和の激動の始まり

一九二九（昭和四）年は昭和の激動の始まりの年になる。

一〇月二四日、木曜日。第一次世界大戦後、自動車産業を中心に「世界の工場」の繁栄を謳歌した米国で、ニューヨーク株式市場が突如の大暴落を記録。株は紙屑同然になり、農産物の値も下落し、たちまち大恐慌が世界に連鎖した。敗戦から復興途上だったドイツの経済は再び崩壊し、絶望的な混迷が独裁者ヒトラーの登場を用意した。

日本はどうなったのか。

当時、共産党の下部組織で労働運動、反戦運動に身を投じていた中野雅夫は著書『昭和史の原点』（講談社、一九七二年）に記録した。

「輸出の四割が止まった。中小企業は軒並み倒産した。労働者はわずかの涙金か一文なしで街頭に放り出された。政府発表で毎月三十五万人の失業者が出るありさまであった。無産大衆党の発表では毎月六十万人をこえる失業者であった。失業者は東京や大阪から故郷に帰るのだが、汽車賃がないので歩いて帰った。その群れが東海道や山陽道を今日の自動車のように、延々と続いた」

都会の工場群で労働者のストライキが広がり、資本家が呼び込む警官隊と暴力団との間で流血の紛争が頻発する間に、この「昭和恐慌」は、貧しかった農村にさらなる生き地獄の辛苦を与えた。米国に輸出されていた生糸が行き場を断たれ、コメや野菜も巻き込んで暴落したのだ。

とりわけ東北の農村には、「昭和の大凶作」という厳しい冬の時代が迫っていた。

その時、勝雄は青森に帰っていた。士官学校を同年夏に卒業し、弘前の第三十一連隊で少尉に任官したのだ。名誉ある連隊旗手と新人教育の日々は、しかし、長くは続かなかった。

第三節　満州事変前夜

石原莞爾の登場

山形県酒田市から国道七号を日本海沿いに北上すると、東北の名峰・鳥海山のふもとの遊佐町《ゆざまち》に至る。道を脇に折れて少し急な坂道を上ったところに、うっそうとしたクロマツの林に囲まれた広場があった。

遠い海鳴りのほかは時が止まったような薄暗い一隅に、直径一〇メートルという円形のこんもりした塚が築かれ、見上げるような石柱が立っている。刻まれた文字はただ「南無妙法蓮華経」のみ。塚の隣には墓碑銘のように、

「私はただ仏さまの予言と日蓮聖人の霊を信じているのです」

と彫られた石がある。不思議に宗教的な雰囲気の漂うこの場所が、天才的な軍略家といまも語られる陸軍中将石原莞爾《いしわらかんじ》（一八八九～一九四九年）の墓だ。

旧庄内藩士の家に生まれ（現・鶴岡市）、勝雄と同じ仙台陸軍地方幼年学校を首席で修了（第六期）。東京陸軍中央幼年学校、陸軍士官学校（第二一期）から陸軍大学校に進んで次席で卒業し（恩賜の軍刀授与）、類まれな頭脳を賞されたという。

山形県遊佐町にある石原莞爾の墓

エリート将官コースに乗り、第六十五連隊（会津若松）、中支那派遣隊司令部附（湖北省武漢市の漢口）を経て、ドイツへの留学で欧州の戦争史（ナポレオン、フリードリヒ大王ら）、国家間の「総力戦」となった第一次世界大戦の様相と軍略を研究。陸大で戦史の教鞭を執り、一九二八（昭和三）年一〇月に関東軍作戦主任参謀として満州（中国東北部）に赴任した。

関東軍とは、日露戦争の勝利で得た租借地・関東州（遼東半島の旅順・大連などの地域）と南満州鉄道付属地の警備を目的とした駐留軍（旅順に司令部）。

日本は関東庁（後に関東局）を置いて、南満州鉄道が延びる奉天（現・瀋陽）、長春（後に新京）など沿線を特殊権益地として支配し、南満州鉄道株式会社を中核にした大規模な都市整備と、鞍山製鉄所、撫順炭鉱などの資源開発を進め、多くの日本企業と居留民を送り出して、実質的に植民地化していた。

石原が赴任する直前の六月には、張作霖爆殺事件が起きた。関東軍が権益維持のために長年利用しながら、離反姿勢を見せた満州軍閥の領袖《りょうしゅう》を、奉天郊外で列車ごと吹き飛ばし暗殺。これを敵対していた中国国民党の蔣介石軍の仕業に見せかけたのだ。関東軍参謀の河本大作《こうもとだいさく》大佐、奉天独立守備隊の東宮鉄男《とうみやかねお》大尉（後に満蒙開拓団の計画推進者）らが仕掛けた謀略だった。

現在もなお研究され続け、語り尽くされぬ石原の異彩は、既成概念の枠や「軍」の秩序に囚われぬ大胆不敵な作戦の発想と実行力、中国への「民族協和」の信条、預言者的な「日米最終戦争」と恒久平和論や、その源泉たる日蓮宗思想に基づく独特の世界観にあった。

「遂に私は日蓮聖人に到達して真の安心を得、大正九年、漢口に赴任する前、国柱会の信行員となったのであった。殊に日蓮聖人の『前代未聞の大闘諍《だいとうじょう》一閻浮提《いちえんぶだい》に起るべし』は私の軍事研究に不動の目標を与えたのである」（石原著『戦争史大観』）

国柱会は田中智学が興した在家信徒団体で、会員には宮沢賢治もいた。

元寇を予言した日蓮の教えから石原は、来る終末戦争の後に日本は絶対平和を導く――との信念を得たという。

石原は満州から内戦状態の中国を見て、平和なき大陸を救うのは日本の使命と断じ、かつ第一次大戦後の西欧の勝者・米国と東洋の勝者・日本の最終戦争を予見しつつ、「謀略と領有という手段によってでも満州を巡る問題を一挙に解決する必要あり」と、関東軍の内外で力説した。自身が首謀者となる満州事変の展開をおそらく、まざまざと構想しながら。

父も戦った「神話」の地

勝雄は一九二九（昭和四）年に、満州の土を初めて踏んでいた。革新派将校たちのカリスマ的存在だった大岸頼好中尉との面会から程なく、陸軍士官学校本科の卒業を前にした同期生との満州視察旅行だった。

四月三〇日に大連に上陸。最大の貿易港、軍港であった大連港や南満州鉄道本社で日本の投資の莫大さを目の当たりにした後、およそ四半世紀前となった日露戦争（一九〇四～〇五年）の戦跡を巡った。大連郊外の旅順では、東鶏冠山、二〇三高地、黄金山砲台、首山堡など、陸軍の日露戦争勝利の戦跡を訪ねた。

五月二日の勝雄の日記には、「旅順偕行社、満蒙事情（河本参謀）」とある。河本大作その人であろう。「満州某重大事件」として田中義一内閣を総辞職させながら陸軍の隠蔽工作で追及を免れ、この時期に予備役編入処分とされた河本から直々に、将校の卵たちが「満蒙問題解決」の論を説かれたのは間違いあるまい（ここで「蒙」は満州と接する中国・内蒙古を指す。当時の熱河省を中心とする地域。辛亥革命下の中国の混迷時、日本は一九一二年のロシアとの協約で、内蒙古にまで特殊利益の拡大を認めさせた。関東軍は内蒙古支配のため独立も画策。反日機運をさらに高めた）。

さらに現地で戦史研究講義が連日あり、大会戦の地・奉天や大規模な石炭露天彫りで知られた撫順の視察が続き、勝雄の五月六日の日記には「満蒙問題」への熱がつづられる。

「撫順ハ鞍山ト共ニ我国ニ莫大ノ国防資源ヲ与フルモノナリ。此ノ地警備ハ独立守備隊ノ一ケ中隊ノミ、従業員ハ自ラ事変ニ備ヘ一ケ大隊ノ義勇隊ヲ編成セリトイフ、撫順駅ヲ出発セル際若キ女ノ泣ケルアリ。彼トイヒコレトイヒ、海外第一線ノ同胞ノ心情察スルニ余リアリ。国家ノ統制作用ヲモット盛ンニシテ海外ノ同胞ノ後拠タラシメズンバ不可ナリ」

その後の歴史を知る私たちに満州の名は、国策によって全国から移住した満蒙開拓団が一九四五（昭和二〇）年八月のソ連軍侵攻の犠牲となり、シベリア抑留と中国残留婦人・孤児を生んだ悲劇の地として刻まれる。

だが勝雄の世代は、乃木希典《のぎまれすけ》大将や橘周太《たちばなしゅうた》中佐ら日露戦争の英雄譚を聴いて育ち、幼年学校、士官学校で先輩軍人たちの戦場体験を伝えられ、その一戦一戦の戦史戦術を諳《そら》んじるほどに学び、満州の地名と陸軍の不敗神話を身に染み込ませてきた。

青森の実家の父、嘉七も第三十一連隊（弘前）の兵士として日露戦争に出征し、黒溝台、奉天を歴戦し名誉の負傷を得て凱旋した人で、勝雄が誇りとする先人だった。

その父をはじめ約九万人の戦没者、一五万人の戦傷者の死力で贖われた「日本のかけがえなき満州」であると、勝雄は思いを新たにする。帰国後、士官学校に提出した「戦蹟見学ヨリ得タル教訓」にこう吐露した。

「先輩ノ遺勲ハ特ニ深ク余ノ脳裡ニ印セラレタリ、カノ蕞爾《さいじ》［小さなの意］タル爾霊山［二百三高地］ノ西南角西北斜面ノ一死角ノ如キ、又カノ眇タル東鶏冠山北堡塁ニ於ケル外岸匣室ノ爆破孔ノ如キハ幾千幾万ノ我先輩ガ全力ヲ傾倒シテ尚且ツ如何ニ苦戦ヲ繰返シタカヲ目ノ当リ物語ルモノニシテ感慨深シ、吾人後継者ハ断ジテコノ先輩ノ血潮ヲ自己ノ食物《クヒモノ》トナスベカラズ」

「吾人ハ我独特ノ国体国情ヨリ将来ニ於テモ戦争ガ死ノ力《ちから》ニヨリ戦ハル、ヲ本則ト見ルベキナリ。今日若シ死ノ力ヲ以テ戦ハヾ広大ナルシベリヤハ直チニ我有トナリ寒帯文明ノ地トナルベク、吾ガ国防上ノ複廊《ママ》〔郭〕タル満蒙ハ一挙ニシテ奪回シ確保スルヲ得ベシ」

勝雄はそれから遠からず、再び満州の土を踏むことになる。余りに過酷な現実を背負う古里の兵たちを率いて。

東北を呑み込んだ恐慌

「宮城県の北上川沿いに『ほいどの村』と呼ばれる貧しい村があった。そこは北上川のたえざる氾濫で米の収量がきわめて低く、しかも不安定だった。それで食えなくなって土地を手放し、農家のほとんどは小作人になってしまった。そこにまた氾濫である、収穫皆無に近くなっても小作料だけはきちんととられる、当然ろくに食えず、家まで手放して家賃を払わざるを得なくなり、まさに『ほいど』と同じような貧しい暮らししかできなくなった、こうした貧しい家の集まった村だったからこの村は『ほいどの村』と呼ばれたのである」

東北大名誉教授（農業経営学）の酒井惇一が、昭和初めのこんな話を「昔の農村・今の世の中」（『JAcom』連載）に記した。

「ほいど」とは、東北弁で乞食のこと。本書第三章「津軽義民への道」で、大正時代末、大地主の支配に抗《あらが》った青森県車力村の小作農民たちの争議を紹介したが、昭和に入ると、東北の農村は底なしの苦境と貧困に呑み込まれる。

勝雄が満州視察の旅をした一九二九（昭和四）年の一〇月二四日、前述のように米国ニューヨークで「暗黒の木曜日」と呼ばれる株式市場の大暴落が起きた。

第一次大戦後の世界経済を牽引した米国での過剰生産と株バブル、復興途上の欧州の慢性不況と保護主義台頭などが要因とされるが、各国経済に連鎖した恐慌が翌三〇年にかけて、不況のさなかの日本をも直撃した。

小津安二郎の映画『大学は出たけれど』が封切られたのが大暴落と同じ年の九月。都会でも企業の大減産と首切りが相次ぎ、ストライキが頻発し、失業者が街にあふれて、浮浪者を意味する「ルンペン」という言葉が広まった（語源はドイツ語で、カール・マルクスも使ったという）。

農村も恐慌の犠牲になった。米国への最大の輸出品だった生糸は売り先を失い、全国の四割の農家が営んだ養蚕の収入を奪い、猛烈なデフレが米価も暴落させた。

一九二九年一〇月に一石（千合に当たる）三一・一六円だった玄米が、一年後は一九・一三円に（『日本農業年報』）。青森県農会の一九三〇年の調査では、自作農の反当たり収支は三一・八三円（現在の価値で約六万円）の赤字を出した。

冬仕事の木炭や藁細工の売値も下がり、出稼ぎ先の求人は激減し、小作料や肥料代などの滞納が新たな借金を増した。農家の累積負債は平均七〇〇円前後（同約一三〇万円。帝国農会の調査）に上り、小作に転落する自作農、極貧の生活にあえぐ小作人も相次いだ。

北上川沿いの「ほいど村」も同時代の光景だったが、東北の農村、農民がそこまでの苦境に落ちていく冷酷な理由を、ジャーナリスト・評論家の大宅壮一は少し後の一九三二年（二月八〜一

○日の『時事新報』連載、「『飢饉』に非ず——東北の凶作地方を巡歴して」『新聞資料　東北大凶作』無明舎出版、一九九一年所収）に、鋭い観察眼で記録している。

「『凶作』や『飢饉』は、決して関東大震災のやうな自然的災厄ではないのであって、結局は、自然対人間の問題ではなく、人間対人間の（階級的な）問題に還元されねばならないものだといふことを示すものである。

今度私は、凶作地方の特に（小作人組合の）未組織地を選んで巡歴して、戸別的に訊いて歩いたのであるが、皆無作でない限り、小作料を全免している地主はほとんどなく、どんな凶作地でも地主と小作人が実収を半分ずつ分けている。それも小作人が刈り取った上、実収の半分を分けるのではなく、田の真ん中に縄を引いて、立毛のまま二分して、双方で刈り取るのである。それがために、一反歩から二俵しかとれなかった米を、一俵と藁や籾殻《もみがら》まで半減されて、副業に縄をなう材料まで不足していることを、私に泣いて訴える貧農も少なくなかった」

弘前第三十一連隊の少尉

勝雄は一九二九（昭和四）年七月一七日に陸軍士官学校を卒業した（第四一期生）。歩兵曹長、見習士官を経て一〇月二五日、歩兵少尉任官とともに父ゆかりの弘前の第三十一連隊に配属され、連隊旗手を任じられた。

連隊旗は、連隊創設時に天皇から親授されるもので、軍人にとっては大元帥の分身であり、抜刀、捧銃の敬礼が行われた。軍旗を失うことは大失態とされ、敵に奪われぬよう奉焼させた例が太平洋戦争まで数多く記録される。

それゆえ、新任少尉が受け継ぐ習わしだった連隊旗手の責任は重く、文武に優れ品行も正しい人物が選ばれたという。

第三十一連隊は日露戦争で、黒溝台の激戦に続く奉天会戦で連隊長以下の指揮官も死傷し、無事だった兵は二〇〇余人とされる。連隊旗も敵砲弾で半ば焼け、旭日旗の一部と飾りの房だけの姿になった。名誉ある戦功の証として勝雄も手にした連隊旗は、陸上自衛隊弘前駐屯地の防衛館に往時の写真だけが伝わる。

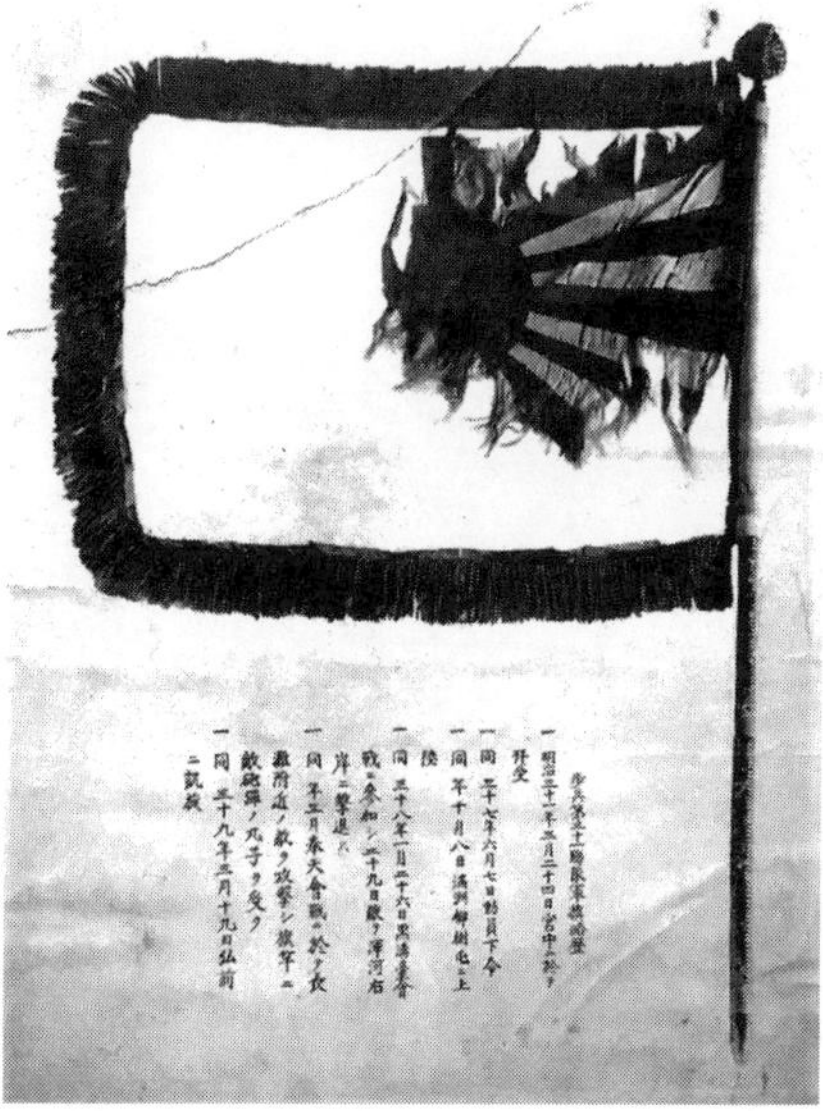

日露戦争から凱旋時の第三十一連隊旗の写真
（陸上自衛隊弘前駐屯地の防衛館蔵）

第三十一連隊時代の二九年夏から翌年にかけての勝雄の日記は、兵士育成の場である演習に明け暮れた日々の所感や反省、「週番士官ノ研究」「衛戍巡察将校ノ研究」など部下の日常指導に関する自己研鑽の記録がつづられる。

「大隊一泊行軍後、小隊長トシテ与フル注意　諸子ハ諸子ノ有スル素質ヲ自信ヲ以テ可ナルベク、又予［余］モ諸子ニ信頼シ可ナルコトヲ信ズ。但シ本日ハ茲ニヨイコトハ述ベズ、特ニ注意ヲ望ム点ヲ述ベシ。物事ノ実行ヲ徹底的ニ。上官ヨリ聞キベキコトニテ不明ナルヲ分カラヌママニスルナ」

「教育指導懇切ナルヲ要ス、熱ヲ要ス　下級者ノ上官補佐ノ不充分　時代風潮ノ捕虜トナラザルコト（礼儀―）下士、映画見物ノ着眼（時々見ル必要アリ、コレヲ教育ニ資スル）下士ノ各個教練拙劣（模範ヲヤルヲ要ス）精神教育ハ訓話ノミニヨリナスベキモノナラズ、密集教練、整々厳格、団結心　基礎教育ハ応用ノタメニアリ、故ニ両者連絡アルヲ要ス　左傾思想ニ対スル注意　各方面ヨリ矯正スル一方内務、教練方面ヨリ、特ニ熱誠ヲ以テ当ルベシ」

勝雄は当時二一歳。真摯で熱意と深い思慮があり、部下と連隊のための教育を常に考えている士官だった。それだけに日記には、現場がかぶらねばならぬ政治の矛盾と、自らが育成を担う「国民のための兵士」像とのギャップに怒りが吐き出された。一九三一年五月三〇日、青森県

歩兵第三十一連隊付少尉に任官し、連隊旗手となった対馬勝雄（左から2人目）（波多江たまさん提供）

鰺《あじ》ケ沢《がさわ》町の山田野であった夜間訓練での出来事だ。

「演習ハ一般ニ愉快デハナカッタ。一小隊ノ人員ガ三十人ソコ〳〵デ録《ろく》ニ伝令モトレナイ。［中略］戦時優勢ナル敵ヲ引キウケテモソレハ勿論覚悟ノ前デアルガ、ソモ〳〵平時コノ有リサマハ何デアルカ（此点ヲ顧ミズシテ遊戯ノ如キ軍《いくさ》ゴッコヲスルコトハ不快デアル、余ハ軍職ニ止マルノ潔シトセヌ気ガスル）」

部下の兵の少なさは勝雄にとって、一九二二（大正一一）年のワシントン海軍軍縮条約の「負の遺産」だった。

第一次世界大戦後の国際平和思潮を背景に、米英日など列強の主力艦（戦艦、空母）保有量を制限した条約だが、日本では陸軍でも「山梨軍縮」（加藤友三郎内閣、山梨半造陸相）、「宇垣軍縮」（加藤高明内閣、宇垣一成陸相）という、時の陸相の名を冠した三次の軍備整理が断行された。

前述のように一〇万人近い将兵と四つの師団などが削減され、四〇〇〇人の将校が職を離れ、毎年の新兵の数も減った。勝雄の怒りは政府と政党政治に向けられた。

ロンドン軍縮条約に怒り

「ロンドン条約及陸軍々備ノ経済化等ニツキ、軍備ヲ縮少セネバ国民ノ負担ハ軽クナラヌ如ク宣伝シタノハ政党者デアッタ。即チ国民ト軍隊トハ存在ノタメニ仇敵デアル如ク国民ニ思ヒ込マセテシマッタ。国民ト軍隊トノ反目ヲ誘致シタル政党者ヲ如何ニ膺懲《ようちょう》［征伐し懲らしめる］スベキカ！」（一九三一（昭和六）年五月三〇日の日記）

日記にあるロンドン海軍軍縮条約は、一年前の一九三〇年四月二二日、補助艦（巡洋艦、駆逐艦、潜水艦など）の保有量を列強間で制限する条約で、日本は対米比〇・六九七五で合意した。

民政党の浜口雄幸《おさち》内閣は、不況打開に「緊縮財政」「軍備縮小」を掲げた。恐慌下、不健全企業や人員の整理などを伴う産業構造改革を進め、節約を国民に訴え、省庁予算と官吏の俸給、国家予算の三割を占めた軍事費を削減しようとした。

国際協調にも適う軍縮条約を、浜口首相は海軍内の反対勢力（加藤寛治軍令部長ら）を退けて締結したが、「国防は天皇の統帥権に属し、政府は干犯を犯した」と、野党の政友会からも攻撃された。「統帥権干犯」の批判は陸海軍の現役、在郷の軍人たちや国家主義運動家らに広まり、浜口首相は同年一一月一四日、東京駅で右翼団体・愛国社の佐郷屋留雄《さごうやとめお》に撃たれた。回復途上の身を押して国会に登院する無理を重ねた末、翌三一年八月に死亡した。

大日本帝国憲法一一条は、天皇の陸海軍の統帥権を定めた。が、軍備・兵力の編成は別に一二条で天皇の編成大権と定められ、政府の一員たる陸海軍大臣に輔弼《ほひつ》責任があった。浜口内閣の立場は正当だったが、党利党略が煽った「統帥権干犯」を以後、軍部は拡大し乱用していく。

「減俸騒ギノ際民政党曰ク『官吏ガ減俸ニ反対スルハコレ疲弊セル農村ニ同情ヲ寄スルコトナク、農村ニ対シ却テ挑戦セントスルモノデアル』ト。コレ又農村ト官吏トヲ喧嘩セシメ且ツ農村ノ御機嫌ヲトラントスルモノデアル［中略］其ノ他欺瞞ハ彼政党者流ノ存在ノ唯一ノ手段デアル。絶対ニ打倒セヨ」（同五月三〇日の日記）

「農民ハ夙《つと》ニ辛苦忍従久シキニ亘ル。［官吏も］共ニ起ッテ昭和維新ヲ絶叫セヨ」（六月三日の日

記）

その五年後。勝雄は二・二六事件が鎮圧された後の一九三六（昭和一一）年三月一日、東京憲兵隊本部での尋問で、「昭和維新ヲ翼賛シ奉ラント思ヒ立チタル時機如何」と問われ、「昭和五、六年頃デアッテ任官後二年ノ時ノ『ロンドン』会議ノ事ヲ痛感シ又其ノ当時ノ社会情勢ヲ慨嘆シテ思ヒ立チマシタ」と答えた（『憲兵訊問調書』）。

事実、勝雄は連隊付の少尉として部下の教育、訓練に変わらぬ情熱を注ぎながら、この時期から「昭和維新」の運動に過激なほどのめりこんでゆく。一九三一年七月一四日の日記には、

「我国ハ農本立国ナルヲ要ス。海外発展ハ辺境ヘノ集団的移民ヲ以テ第一トス」
「私有財産ヲ制限シ且［地主制のような］土地ノ私有ヲ制限スル方法ヲ設ク」
「各地方ハ皆自給自足経済ヲ立テ前トナスヘシ。酒、莨《たばこ》等ハ自家用ヲ自ラ作ルコトヲ許スベシ」

――など、農村の現状からの国家改造案がつづられる。

七月二三〜二七日は「東行」と称して盛岡、山形、秋田の連隊を汽車で訪ね、若手の少尉、中尉たちに面会して現状を論じ、「革新派将校」の同志に加わるか否かの意思を確かめて歩いた。

「各衛戍地青年将校ノ気風　一般ニ沈滞セル長官以上ノ気分ニ対シ不平大ナルモノヲ見ル。内心ニ欝《ママ》［鬱］乎トシテ而《しか》モ青年将校相互ニ気ノ相通ジ積極的方法ヲ講ズルノ傾向ニ至ラサルノミ。又方法ヲ知ラサル観アリ」（七月二七日）
「東京方面ノ檄文ニ対スル各衛戍地青年将校ノ反響＝一般ニ充分ナル効果ヲ挙ゲ得ザル観アリ」（同）

「東京方面」とは、二・二六事件まで行動を共にしていく在京の青年将校らであろう。勝雄は既に活動家の顔を併せ持つに至っていた。「軍縮」の重石に長年抑えつけられ鬱屈した軍人たちの感情の導火線はより合わされ、ついに火は点いた。

「今日農民ノ困厄ハ極端ニシテ農民以外ノ者ノ想像以上デアル、コレヲモ忍べバ吾人ノ怠慢デアル」

「国軍ガ国内的解決ニ乗リ出スハ抑々斯クノ如キ（政党の）勢力ヲ一掃センガタメデアル」

「全軍ノ即時蹶起ヲ祈願スル」

「東洋ノ獅子身中ノ虫タル支那（漢民族）ヲ膺懲スヘシ」

「満州ヲ日本ノ領地トナス」

との言葉も、勝雄の日記にほとばしる。

仙台陸軍幼年学校の大先輩として高名を耳にしていたであろう、石原莞爾が満州で秘かに時機を待っている「満蒙問題解決」の決行は近し――とは知るはずもなかったが。

ケカツ鳥の啼く年

「昭和六年、東北一帯はひどい冷害だった。夏、八月というのに、毎日毎日、冷たい雨がしぶいて、日のさした日といっては、ほんの二、三日しかなかった。

秋になって、田圃の色だけは、黄金色にかわったが、毎朝、田を回っては心配そうに、稲の穂をしごいて見る百姓の掌に、穂はさらさらと軽く、噛んでみると、むなしいしいな［実のないもみ」だけが舌に残った」

一八九七（明治三〇）年に青森市に生まれ、弾圧と闘った農民運動の活動家、戦後は社会党代議士として昭和を生きた淡谷悠蔵《あわやゆうぞう》（歌手淡谷のり子は姪）は、一九三一（昭和六）年の記憶を著書『野の記録』（春陽堂書店、一九五八年）にこうつづった。

青森の農民たちの間で「凶兆」と先祖から伝わったケカツ（飢渇）鳥（アカショウビン・カワセミ科）のヒョロローンという啼き声に、

「やっぱりな、このヤマセ［冷たい北東の季節風］では、今年もケカツ（凶作）にきまったじゃ」

「溜息が一座を流れると、その百姓はケカツ鳥が啼いた年の、凶作の経験を、あれこれと話し出し、みんなが、ガヤガヤとそれに和して、しばらく落ちつかなかった」

一九二九年の世界恐慌による農産品価格の下落、地主の過酷な小作料取り立てに東北の農村は窮迫の一途をたどった。翌年は、二月二三日の青森市の最低気温が零下二四・七度と、現在も破られていない記録的な寒さで始まったが、豊作を念じた農民を絶望の淵に追い込んだのが、ケカツ鳥が呼んだ冷涼なヤマセの夏だった。

同年七月の、東北六県の平均気温は一八・八度。青森県でコメの収量が八割減となり、窮乏農家二万八二一〇戸と記録された一九一三（大正二）年の大凶作当時の同一九・七度をも下回った。

隣の岩手県では、七月二四日の『岩手日報』が次のように報じた。

「土用三郎になつてもお天気はまだぐらついて薄ら寒くなか〱浴衣などは着られさうもない今年は何時夏が来るやら――殆ど見当がつかない、全く憂慮される天候であるが盛岡測候所も

これにはホト〳〵困り切ってゐる
［中略］昨今の日中平均温度は例年に比し三四度低く雨量も多く日照時は二割方少ない、それで稲作に必要な条件たる気温低く日照少なく雨量が多く稲作の発達を非常にさまたげてゐる丁度今日までの状況は大正二年の凶作にほぼ似通つてゐるので実に憂慮されてゐる」（土用三郎とは、土用の入りから三日目を指し、晴れなら豊作、雨なら凶作とされた）

それは、一九三四（昭和九）年まで続く未曾有の「東北大凶作」の始まりと記録されることになる。

たまさん、職業婦人に

勝雄はこのころ二二歳。陸軍歩兵第三十一連隊の少尉、連隊旗手として弘前にいた。部下の教育と演習に明け暮れながら、農村の苦境と政党政治腐敗への憤り、前年のロンドン海軍軍縮会議への反発から、青年将校たちの間に熱が高まる「国家改造」運動にのめりこんだ。

青森市相馬町の実家では、妹の長女タケが、父嘉七の郷里田舎館村の地主の娘が嫁いだ先の女中として請われ、一九二七（昭和二）年五月に上京。この物語の語り部である次女たまさんも、後を追うように三〇年春から東京で暮らし始めていた。

たまさんが戦後、遺族の手で編んだ本『邦刀遺文』のために書き起こした『記憶のノート』から、昭和五～六年という時代をたどってみる。

「兄は［任官から間もない給料で］私達の面倒はみられませんでしたけれども、末の妹［きみ］

だけでも自分で学校を出してやると云い出しました。之からは女でも学問はなくてはならないと云うのです。その後、妹は兄の仕送りで女学校に入りました。

私達姉妹は、苦労している母の姿を見て育ちました。この貧乏からのがれて、手に職をつけようと考え始めました。私は婦人服［の仕立て］を習う事にし、女の職業として将来有望だと考えたのです。母［なみ］は私の考えに賛成してくれましたが、父の反対でなかなか上京できず、一、二年が過ぎてしまいました。そこで東京にいる姉と連絡を取り、着々と準備して上京しました。昭和五年四月、一七才の春でした」

たまさんが目指した洋裁は、モダンな都会生活スタイルが開花した大正デモクラシーの時代以降、事務職やタイピストなど、女性の社会進出を象徴する職業の一つだった。

しかし、男が妻子を養うのが当然で妾を持つのが「甲斐性」といわれた時代、女性の自立の萌芽である「職業婦人」には世間の風当たりが強く、蔑視さえされたという。田舎はなおさらだった。

対馬家では、小作農家の出で元軍人の嘉七が「女に学問はいらない」を口癖にし、姉妹が尋常小学校を出ると貧しい魚加工の家業を手伝わせ、「女は家にいるべきだ。年頃になったら嫁にやるのが一番いい」と事あれば言った。だが、母なみは正反対の考え方の女性で、娘たちを応援した。『記憶のノート』にはこんな記述がある。

「母は開放的で時代を先取りする様なところがありました。従って、女といえ共、家にこもる事はなく、之からはどん〳〵世に出て手に職をつけて自立しなさい、とよく云われました。［嘉七と同郷の」裕福な家庭から、いきなり貧乏をいやというほど味あわされた母の経験から生まれた結論だったと思います」

父と同じ軍人の道を選んだ勝雄には、国家改造運動に見える激しさの半面、母親譲りの柔らかな感性、貧しさに耐える妹たちへの温かな愛情が宿っていた。旧制青森中学を中退してまで自らの前途を変えた決意もまた、早く家族を楽にさせたいという思いからだった。守るべき者たちへの無私の優しさは、この先に待ち受ける戦場で勝雄自身を苦しめていく。

昭和恐慌下の東京

たまさんは上京した一九三〇（昭和五）年春、タケの身元引受人になっていた鷺ノ宮の英語教師・安部金之助の世話で、新宿の洋裁学校に通った後、王子の洋裁店に住み込みで働いた。同年秋に四谷の婦人服仕立て業の家に移り、翌三一年春から目白の婦人服仕立て店に勤めた。もっとも、たまさんが初めて出合った東京は、大正のモボ・モガが闊歩した花の都ではなかった。

王子の洋裁店で、たまさんは奥さんから野原のハコベを摘まされ、何をするのかと思ったら、味噌汁の具とおひたしになって出てきた。店主の家には、近くの王子製紙の工場労働者が頻繁に出入りし、泊めたりもするので、縁側に寝させられたという。『記憶のノート』は続く。

「製紙工場では『働く者に相応する報酬を与えよ』と訴えてストライキが続き、官憲に追われる労働者を、主人はよくかくまってやりました。身なりも汚く、田舎の労働者と殆ど同じでした。その頃は、働かざる者食うべからずと云われて、とても不景気な時代でした」

折からの恐慌で、全国の失業者は一九二九年九月の二七万人から一九三〇年四月に三七万人、一九三一年五月には四〇万人を超えたと内務省社会局「失業状況推定月報」は発表した。だが『エコノミスト』誌（一九三〇年七月一五日号）は、「日本の失業者総数百二十万突破　恐るべき失業時代の到来」と独自試算の特集記事を出し、さらに二〇〇～三〇〇万人に上ったと推定する学者もいた。失業して浮浪者になった人々もおり、たまさんは東京の夜道での体験をつづった。

青森から上京後のたまさん（右）と姉タケ、2人を親身に助けた安部金之助（波多江たまさん提供）

「歩道を歩いていますと、歩道［の端］を枕にして寝ている労働者らしい人の頭を、あやうく踏みつけるところでした。［中略］屑拾いらしく箱のついた荷車があり、其の中に拾ってきた紙屑が沢山入っていました。おどろいたことに其の紙屑の中にも誰か寝ているらしく、がさがさと動いたのです。私は急に怖くなり駆け足で通りぬけました」

「次の日も亦仕事で遅くなったので、今度は違う道を通りました。そしてガードの近くに来た時、異様な臭いに立ち止まりました。するとガードの下がぼうと明るく見え、火をたいている浮浪者らしい三人が鍋をかけて何か煮て食べているのです。臭いは其処からだったのです。私は気づかれないように夢中で横道を通って帰りました。東京にもかなり貧しい人々が多い事が次第に判ってきました」

貧困が蔓延する東京には、しかし、全く別の世界があることも四谷の仕事場で知った。

「御主人の弟さんが遊びに来ていました。すごくハンサムで背が高く、黒の背広に紋入りの蝶ネクタイをし、私達お針子によくおみやげを持って来てくれました。あまりにあかぬけているので、何の仕事をしているのかと思ったら、自動車の運転手だと云うのです。まさか、こんなハイカラな運転手などいるわけがないと云ったら、元天皇陛下の運転手をしていて今は〇〇家（華族）の運転手をしているというのです。本当におどろきました」

「そんな立派なお屋敷ではどんな暮らしをしているんだろうと云いましたら、『一ヶ月に何回かパーティーがあって大広間の絨毯が片づけられ、ダンスが始まるので、とてもにぎやかできれいだ』と話してくれました。美しい夜会服を着て踊っている様子が浮かんできました。農村では食う為に娘を売っていると云うのに、之はどういうことなのかと溜息がでました。と同時に私は、自分の今の仕事に矛盾を感じ考えさせられました」

兄と青年将校運動

四谷の店で働いていたある日の夕方、弘前の連隊にいるはずの兄勝雄がひょっこり訪ねてきた。驚いたことに軍服ではなく、当時はやった鳥打帽（ハンチング）に二重マント（インバネスコート）という姿。誰がどう見ても、軍人とは思えなかった。

その刹那の勝雄の肉声を、たまさんは『記憶のノート』に残している。

「兄は、仕事が辛くないか、困っていることはないかと聞くので、私は大丈夫、心配しないで、と云いました。兄は、それなら安心だ、一日も早く仕事を覚えて自立しなさい、其の時は必ずミシンを買ってやるし援助もするから、辛いだろうががんばりなさい、体に十分気をつけなさい、と云って二十分くらいで帰っていきました。其の頃ミシンは非常に高価で、普通のサラリーマンには買えませんでした。私は将来が楽しみでした」

ただ、後で店の人たちからは、「たまちゃんの兄さんは将校と聞いていたが、本当なのか」と疑わしそうに言われた。その唐突さ、奇妙さが腑に落ちたのは、二・二六事件が起きてからだ。たまさんはこう記した。

「いまになって考えますと、革新将校の集まりがあって弘前から上京したのではなかったかと思います」

「それで憲兵の目を逃れたのでしょう。思い返してみますと、昭和五年以前から仲間を集めたのも判りました。村中さん［孝次大尉。二・二六事件の首謀者として銃殺刑］等も。［中略］当時は

東京で洋裁の仕事をするたまさん（波多江たまさん提供）

全く気がつきませんでした。兄が要注意軍人の一人だった事等本当に驚きました」

勝雄は陸軍士官学校にいた一九二九（昭和四）年一月、仙台陸軍教導学校の教官だった大岸頼好中尉を初めて訪ね、国家改造運動を志す青年将校の精神的支柱と目された大岸に心酔した。

農民と皇軍兵が天皇の下で平等一体となる国家改造の闘争を求め、雑誌『日本』に檄文を発表していた大岸は、翌三〇年四月、『兵火』というパンフレットを発行して同志たちに配った。民政党の浜口雄幸内閣がロンドン海軍軍縮条約を締結し、これを海軍軍令部や野党政友会、国家主義者、在郷軍人らがこぞって「統帥権干犯」と攻撃する矢先だった（以下、引用は『現代史資料二三』みすず書房）。

「百姓の起す火を〝ポロン火〟と云ひ、兵隊の起す火を〝兵火〟と云ふ。同じ火にかはりは無い。〝ポロン火〟が燃え出す〝兵火〟が燃え出す」

これは、民衆と軍が一つになった蜂起を呼び掛ける烽火《ほうか》を意味し、海軍の「盟友」と連帯しての国家改造の革命戦を呼び掛けたものだ。

「此の問題が革命作業の過程として政党財閥亡国的支配階級、指導階級の撃滅への方向に役立つ限り我等陸海の盟友は海軍々令部を支持すべきである」

「農民労働者…在郷軍人を第一戦に軍隊を基本隊に戦闘的統一を要す」

「東京鎮圧し宮城を護り天皇を奉戴するを根本となす。この故に陸海国民軍の三位一体的武力を必要とす」

ほぼ同時に、海軍の急進派将校のリーダーだった藤井《ふじい》斉《ひとし》中尉は『憂国慨言』という印刷物を頒布し、

「我等は外敵の侮辱に刃を磨くと同様にこの内的――然り天皇の大権を汚し、民衆の生命を賊する貴族、政党者流及財閥――の国家亡滅の行動に対して手を空しうして座視するの惨酷無責任を敢てすべきではない」

と異口同音の激しい叫びを響かせた。

急速に接近した陸海軍の青年将校、民間や農村の国家主義活動家の大同団結を目指す集会が一九三一年八月二六日、東京・日本青年会館で開かれた。目立たせぬため「郷詩会」という風雅な会の名が掲げられ、そこに弘前から遠路、勝雄も参加していた。

「蹶起」に焦がれて

勝雄の日記には、同年七月二三～二七日に「東行」と称して盛岡、山形、秋田の各連隊を巡り、

目ぼしい将校たちを「革新派」へ誘う工作をしたこと、それが東京の同志たちと呼応した活動だったことが記されている。だが、それ以降「郷詩会」など青年将校との交流に関する記述はない。

当時、教導学校から青森市の第五連隊に移った大岸と同じ連隊の同志で、勝雄とも親しかった末松太平中尉（二・二六事件で禁固四年、免官）が戦後、青年将校たちの素顔、事件までの行動を克明に記した著書『私の昭和史』に、郷詩会のくだりがある。

それによると、「蹶起」の具体的行動へ密議を期待した藤井ら海軍側に対し、後の二・二六事件の中心人物たちが顔をそろえた陸軍の側は「まずは組織固めでよい」という認識で、雑然とした顔合わせの会合に終わったという（これを不満とした海軍側の参加者らは翌年、五・一五事件を起こす）。

「もちろん陸軍にも、海軍に劣らぬ急進分子がいるにはいた。このとき大岸中尉と同行した弘前の三十一連隊の対馬勝雄少尉などがそれで、対馬はこの会合を赤穂浪士の討入り前の会合のように思って上京していた。

『このまま弘前に帰れというのですか』と目を据えていって、眼鏡ごしに私を見つめもした」（『私の昭和史』）

「しかしこんど集まったものすべてを同志とみるのは早計だしね…」（同）

と、郷詩会の席で醒めた感想を漏らしたという戦略家の大岸に比べると、勝雄にはいかにも東北人の一途な、思い詰めるような生真面目さがあった。

『私の昭和史』にはまた、同年一〇月一七日、陸軍の急進派組織「桜会」を率いる橋本欣五郎《きんごろう》中佐らが一斉検挙された、政党内閣打倒のクーデター未遂事件「十月事件」の際も、蹶起に加わろうと上京した勝雄の姿が刻まれている。

「大岸中尉が〔青森に〕帰ると一足違いで、これも和服に軍刀の対馬少尉と菅原軍曹が下宿に現れた。対馬少尉は仮病を使って〔弘前の〕留守部隊に残っていたが、抜け出して、秋田の演習地から菅原軍曹を誘い出し、相たずさえて上京したのだった」（菅原軍曹は大岸中尉から仙台教導学校で薫陶を受けた教え子）

一九三一年九月一八日夜、海を越えた満州・柳条湖で満州鉄道の線路が爆破された。蹶起に焦がれるばかりだった勝雄は、さらなる歴史の大状況に吞みこまれる。

「十八日夜一〇時半ごろ、奉天北方、北大営側において、暴戻なるシナ軍は満鉄線を破壊し、わが守備隊を襲い、馳けつけたるわが守備隊の一部と衝突せり。報告により、奉天独立守備第二大隊は現地に向い出動中なり」という陸軍中央部への第一報とともに始まり、燎原の火のように拡大した満州事変だった。

勝雄、満州へ出征

たまさんの『記憶のノート』には、東京での洋裁修業の日々を突然、断ち切るように「兄の出征を見送る」という長い一節が出てくる。この年の暮れが近い一一月一四日、青森の父嘉七から電報で、勝雄の満州出征と、第三十一連隊など混成第四旅団の列車が一五日朝九時四五分、品川の駅を通過する、と知らされた。

「やっと兄の乗っている列車の前に行く事が出来ました。兄は元気いっぱいでしたが、友人や知人に囲まれて近づくことが出来ませんでした。すると其処に南［次郎］陸相が来たとかで、兄達将校はホームの控え室に入ってしまいました。私達ははら〳〵しました。もう発車十分前です。すると将校達は控え室から、あわてて次々と汽車に乗りました。私達は近くの将校さんに案内していただき、やっと兄と言葉を交わすことが出来ました」

「兄は、『生きて帰ると思うな、後を頼む』と云いました。安部［金之助］先生は『命を粗末にしないで、元気で』と云いました。別れの言葉の終わらないうちに、汽車はながい汽笛を鳴らして、がたんと動き出しました。涙は不吉だとこらえました。万才〳〵とホームの人々の旗は右に左にゆれました。車中の兵士達は一斉に立ち上がり、整然として挙手の礼をしました」

人がこぼれ落ちるほど騒々しいホームを、兵の声一つ残さず離れる列車。自分が暮らす場所からは遠い世界に勝雄が旅立っていくことを、たまさんは感じていた。

第四章　分かれ道の兄妹

第一節　戦場と青年将校運動の間で

血気滲む挨拶状

一九三一（昭和六）年九月一八日の満州事変勃発から二カ月後。陸軍第八師団（司令部・弘前）では、弘前、青森、秋田、山形の各一大隊など五〇〇余人からなる混成第四旅団を編成し、内地からの最初の出動部隊として一一月一八日に韓国・釜山に上陸。二〇日には満州・奉天に到着し守備に就いた。弘前の第三十一連隊が基幹となった同旅団第二大隊約五〇〇名の中に当時二三歳の少尉、勝雄がいた。

第七中隊の小隊長を任じられて、自らが教育してきた兵士らとの初めての出征に奮い立ち、国家改造運動の内地での進展を念願し後事を託する挨拶状をしたためた。宛名リストはないが、律儀な勝雄の性格から、同志の青年将校らだけでなく軍内外の理解者と頼む人々に出されたか。

「現下社会不安は日に深刻にして一面昭和維新断行の時期も切迫致候折柄後事はよろしく善処下されたく懇願し奉り候思ふに維新の発現は天之を我東北の人民に命じたるの感深きものあり腐敗せる現支配階級と矯正の余地なき左傾分子とを断乎たる信念により撃滅し以て皇沢を四海に仰がしむべきは我等の使命と存じ候

今回の出兵は私共としては世界第二次大戦の緒動と考へざるを得ざるまま特に国内の維新真の国家総動員による大戦の遂行力充実を深く念願するものに御座候何卒私共の真意を御賢察下されたく願上候」

「真の国家総動員」とは何を指すのか。それは第一次世界大戦をつぶさに分析し、既に国家挙げての「総力戦」体制の構築に邁進していた、時の陸軍省軍事課長・永田鉄山大佐（後に軍務局長、少将）の、

「戦争力化し得べき、一国の人的物的有形無形一切の要素を、統合組織運用し、真固《しんこ》国を挙げての戦争力を」（一九二七年の講義録『現代国防概論』）

というようなエリート軍人官僚の冷徹なリアリズムではない。勝雄は満州事変勃発の同年七月一五日の日記に、現場の一軍人として国内の現状への憤り、国家改造への焦燥をたたきつけるように記していた。

「日露ノ役ニハナル程国民奮然一致シテ起ッタ。而モソハ三国干渉後ノ臥薪嘗胆（軍備拡張其他精神的軍備アリ）ノ結果ニシテ当初ノ非戦論者モ今日ノ如キ非国家的ノソレニアラスシテ国ヲ憂ウルタメノ非戦論デアッタ。サレバ一度決然トシテ起ツヤ窮鼠猫ヲカムガ如フ猛烈果敢ニ独露ヲ制シタノデアル。

然ルニコレヲモシ今日ニ行フトセバ如何、第一三国干渉ニ対スル如キ国民一致ノ準備ナク却テ反対ニ国内的ニハ非国家的思潮及諸勢力ノ横流盛ンデアル。カクノ如キ状態ニテ果シテ所謂日本古来ノ国民性ニノミ信倚《しんい》［頼るの意］シテ天祐ヲ頼ミ憤激ニ托シテ国民ノ一致ヲ期待シウベキヤ

否ヤ」

勝雄は、満州事変勃発が父祖たちの日露戦争を勝利に導いたような「国体国民」一体一丸の燃焼をもたらすことを念願し、満州を取り巻く中国やソ連、米英との戦争の危機感をテコに、切歯扼腕していた国内問題を一挙解決する国家改造の秋《とき》到来を期待した。

戦いなき日々の鬱屈

勝雄が残した満州での日記が始まるのは、混成第四旅団が初めて現地で新年を迎えた一九三二（昭和七）年一月からだ。記述の端々に、思いもしない鬱屈の気分が漂う。

「謹而　両陛下ノ万才ヲ祈リ奉ル　又中隊長殿並ニ我小隊士以下ノ武運長久ヲ祈ル　元旦ノ朝《ちょう》暾《とん》［朝日］ハ広大無辺ニ輝キテ我守備地タルチ、ハル城頭ニサシ昇レリ。興国ヲ期シテ無為ニ終レル昭和六年ヲ顧ミル時、本年コソハ決断行ヲ誓フモノナリ」（一月一日）

「錦州攻撃概ネ終ル。一段落ナリ。初メ予想セシ如ク何時トハナク初マリテ激戦トナリ余等ノ参戦ナキ間ニ終レリ。一同ノ遺憾至極ナリ。尤モ国家的ニ見テ賀スヘキハ論ナシ」（一月三日）

「錦州ニ向ヒシ軍活躍ノ報ヲ聞クニツケテモトリ残サレタル吾人ノ身ガ残念ナリ」（一月五日）

「本朝西北々方ニ銃声盛ンナリ。我歩兵十七ニテ近接シ来レル馬軍騎兵隊ヲ撃退セルモノナリ。多数鹵獲品アリシト。馬占山ハ旧態依然タル軍閥ニシテ我レニ降伏スル意ナキカニ見ユ」（一月一一日）

日記にある錦州は、満州の南端、遼東湾に面した都市。関東軍に謀殺された張作霖の軍閥を継いだ息子の張学良が、満州事変で奉天が関東軍に占領された後、抗日活動の根城として錦州政権を設けた要地だった。関東軍は参謀・石原莞爾中佐の指揮で錦州爆撃を行い、三二年正月までに無血状態で占領した。

勝雄ら混成第四旅団は前年一一月の奉天到着後、情勢不穏の錦州へ出動の指令がいったん出されながら、英米仏三国の介入などの影響で奉天に引き戻された。

その後、満州北部の軍閥首魁・馬占山の黒竜江軍を関東軍（満州駐屯の第二師団、司令部・仙台）が駆逐した直後のチチハルに進駐し、警備の任を負った。以後、出撃の機会は「匪賊」との小戦闘にとどまった。

勝雄らの奉天到着の翌一一月二一日、内地の新聞各紙は第二師団のチチハル進撃を華々しく伝えていた。例えば『東京朝日新聞』の第二号外の一面を埋めた見出しはこうだった。

「激闘二十六時間、零下三十度の極寒地に言語に絶する本社特派員の決死的活躍！」
「午前三時！戦端開く！　弾雨中線路伝ひに進む」
「運命を決した我が大攻撃！」
「十字火の砲兵戦」
「『日露役以来の壮烈な白兵戦』多門中将も驚く」
「支那軍死傷約一千」

一九三一年から満州に駐屯していた第二師団は、満州事変の初動から関東軍の主力を担い、奉天、チチハル、その後のハルピンの攻略に続いて錦州占領の栄誉にも浴した。二年後の仙台凱旋時には、今に伝承されるほど熱烈な祝賀の歓迎を受け、メーンストリートの南町通は師団長・多《た》門《もん》二郎中将の名を冠して「多門通」と改称されたほどだった。

同じ東北の師団の活躍を遠く眺めるほかなかった混成第四旅団の当時の空気について、『歩兵第三十一聯隊史』（歩三一岩手会聯隊史編纂委員会、一九七六年）もこう記録する。

「斉斉哈爾《チチハル》警備間亜里新屯其の他三、四回匪賊討伐をしたが、戦闘上特記すべきことはなかった。又二月初旬の第二師団のハルピン攻撃にも関東軍出動命令を受けたが、色々の事情で之も不可能となり、将兵一同髀肉《ひにく》［功名を立てる機会を得ない無念さ］の嘆に堪へなかった」

「最も急進的なる革命家」

一九三二（昭和一七）年一月八日、東京で「桜田門事件」が起きた。昭和天皇が陸軍始観兵式に行幸した帰路、御料馬車の車列に沿道から爆弾が投げつけられたが、天皇御座の馬車は無事だった。朝鮮の抗日武装組織の指令を受けた李奉昌が、その場で取り押さえられた（一〇月に大逆罪で処刑）。犬養毅首相ら内閣は、総辞職の裁可を天皇に仰ぐ事態に陥ったが、結局は留任した。

時の陸軍大臣は、青年将校たちから国家改造運動の擁護者と仰がれた荒木貞夫中将だった（その一派が『皇道派』と称された）。桜田門事件を満州で聞いた勝雄らは、「チヽハル青年将校有志一同」の名で「荒木陸相留任方懇請」を打電しようとしたが、大隊の上官によって抑えられた。勝雄の日記の記述には、内地を遠く離れて、かつ組織の軍人ゆえに行動できぬ不自由さへの葛藤も加わった。

「内外愈々多事ナルトキチ、ハル附近ハ却テ何事モナシ。辞職シテ国内ノ突撃ニ後レサランコト乃、三、榊、泥、阿季、瀬等にカク」（一月一二日）

「余ノ信念ハ軍人ナルガ故ニ使命重大ナリトスルニアリタリシガ熟々《つくづく》従来ノ経過ヲ考フルニソノ信念ノ実行ハ軍人ナルガ故ニ愈々困難ナル実状デアル。軍人ヲヤメルカ否カ、ソレハ『皇国ノタメ』トイフ、無私ノ信念ニ照ラシテ自ラ定マルベキデアル」（一月一三日）

勝雄の人生そのものである「軍人ヲヤメルカ否カ」と賭するほどの悩みとは何か、満州の地から焦燥する「国内ノ突撃」とは何なのか。日記には、満州の屯営に伝わった次のような出来事の記述が続く。

「藤井斉海軍大尉戦死（於上海）　深ク氏ノ英霊ヲ祈リ、我等ハ氏ノ志ヲツイデ故人ニ恥ヂザラントス」（二月五日）

浜口雄幸内閣の締結したロンドン海軍軍縮条約に反対し、「国家滅亡の行動」と攻撃する『憂国概言』（一九三〇年四月）を配布した藤井斉は、海軍の急進派将校を糾合した「王師会」の結成者で、国家改造運動のリーダーの一人だった。

特権階級なき社稷（郷団）自治と、それを実現させたという大化の改新を理想と説いた思想家・権藤成卿《ごんどうせいけい》を信奉した藤井は、プロシア流官僚主義と利権政党、財閥の支配と農村収奪という明治政府以来の国家の現実を「第二維新」の実力行動によって変革する志を燃やした。

勝雄は、陸海軍の青年将校と民間運動家が大同団結を目指した会合「郷詩会」（一九三一年八月二六日）で、弘前から参加して藤井ら海軍側の同志を知り、藤井の日記（『検察秘録　五・一五事件』所収）にも、以下のように勝雄の名が記される。

「午後、外苑日本青年会館に郷詩社の名にて会合あり。海の一統、陸の一統―大岸君の東北、その他は九州代表の東来れるのみ　井氏の一統、菅波《すがなみ》、野田、橘孝三郎、古賀潔、高橋北雄、澁《しぶ》川善助《かわぜんすけ》、初対面は對馬、高橋と秋田聯隊の少尉金子伸孝と四人なり

こゝに組織を造り中央本部は代々木に置き、西田氏之に当り、井氏を助け遊撃隊として井氏の一統はあたること、せり　こゝに最も急進的なる革命家の一団三十余名の団結はなれり　新宿に行きて酒を飲みつゝ一同歓談し、その中に胸襟を叩き割って相結べり　野田又宅に黒澤、菱沼《ひしぬま》、古賀（清）と東と行って泊まる」

「大岸」「菅波」は陸軍の青年将校の思想的指導者で、勝雄を感化した大岸頼好中尉と、菅波三郎中尉。「澁［渋］川善助」は会津出身で陸軍士官学校中退組、「西田（税）」は元陸軍将校の運動家。「井氏の一統」とは、元満州浪人で日蓮宗僧侶の井上日召《にっしょう》と、茨城県大洗の井上の道場で学ぶ菱沼五郎、黒澤大二。「橘孝三郎」は、水戸市近郊に兄弟村農場を興し、若い農民育成の「愛郷塾」を開いていた。「古賀」は、藤井の最も密接な同志、古賀清志海軍中尉。

立場や派閥、思想系譜は異なるが、いずれも「昭和維新」と号された国家改造運動渦中の革命謀議でつながろうとする人々で、勝雄もこの日から「最も急進的なる革命家」に加わる一人と数えられるようになる。

藤井斉の決意と死

郷詩会の翌日八月二七日の藤井の日記にも、勝雄が登場する。それによると、赴任先の九州・大村海軍航空隊から参加した藤井が、親しい井上日召の家（代々木上原の権藤成卿宅の借家）に帰ると、そこへ勝雄がガリ版刷りを持ち込んできた。

「全艦隊に送るべく宛名を書き終えた」という。よく見ると、「陸海軍青年将校一同」と書かれている。「満蒙問題に就て陸海軍合同すべし」と呼び掛ける文書で、藤井は、「これはいかぬ、早速止めさせろ」と青山参道アパート（同潤会青山アパート）の菅波三郎宅に集っていた勝雄の仲間たちを説いて、止めることにしたという。

藤井はこの日午後、海軍の同志である古賀、三上卓海軍中尉、井上らと共に霞ヶ浦海軍航空隊の小林省三郎司令を訪ねて「革命」への決意を問い、さらに参謀本部ロシア班長の橋本欣五郎中佐、国家主義者で右翼思想家の大川周明らと会う約束をし、「本年秋の挙義」について詳しく調べ知らせる約束をしたという。長い一日の記述の最後に次の言葉がある。

「我等はそれに代わって之を拡大――深刻化し指導して我等の革命になさんとするものなるが故なり、斯くて陸海軍の合同はなるべし」

橋本は陸軍中枢の急進派佐官らのグループ「桜会」の首魁で、この一九三一年、宇垣一成陸相ら軍上層部に働きかけ、大川周明や右翼活動家らと組んで「三月事件」と呼ばれる政権奪取のクーデター未遂事件を起こしていた。

「本年秋の挙義」とは、橋本らが進めていた二度目の大掛かりなクーデターの企てのことと思われるが、一〇月に発覚し再び未遂に終わり、「十月事件」として名のみ知られることになる。

藤井は八月二七日の日記で、

「陸軍はどうも政治革命迄しか考え居らざる様子、先ず一辺やらせよ、而る後之を叩きつぶすは我任なり、恐らくは革命の本隊なるべし」

と陸軍側に信を置かず、政権奪取とは違う直接行動の蹶起策をこの時点で練りつつあった。

それゆえであろう、勝雄が持ち込んだ満蒙問題の呼び掛け文書を中止させたのも、大事の前に海軍側の名前が漏れるのを危惧したためではないか、と思われる。藤井の懐深く怜悧な戦略家の面影と、東京で「昭和維新」への交わりに心躍らせる勝雄の、しかし革命家にはなれぬ純情さが見えてくる。

郷詩会および翌八月二七日に集った青年将校の中に、勝雄と親しい末松太平中尉もいた。このころ青森の第五連隊から東京の陸軍戸山学校（歩兵戦技や体育などの専門学校）に派遣されていた。郷詩会を機に、西田税の自宅を連絡場所として、陸海軍有志や井上日召グループが毎晩のように顔を合わせたという。戦後の著書『私の昭和史』にこうある。

「会えば語り合い、語り合えばそこに何物かが胎動した。それは『郷詩会』を単なる組織固めに終わらせたくなかった、海軍のペースに乗ったものだった」

「実行計画が自然に話し合われるようになるのも当然の成行である」

「井上日召はよく暗殺の要領を伝授していた。『みな殺人鬼じゃないんだから——それどころか、人一倍仏心を持っているんだから、殺すと決めたら、ものをもいわず拳銃を発射しなければ失敗する。話をかわしたら、なかなか懐の拳銃に手がかからないものだ』」

血の匂いのする「昭和維新」は胎動のさなかだった。勝雄も休暇や所用を言い訳にして連隊から遠路、同志たちのサークルに参加していたのは疑いない。

「いまになって考えますと、革新将校の集まりがあって弘前から上京したのではなかったかと思います」

という妹たまさんの『記憶のノート』からの証言もあった。

「昭和維新断行の時期も切迫致候折柄後事はよろしく善処下されたく懇願し奉り候」

と、満州に出征した勝雄が後ろ髪を引かれるように挨拶状に書いた理由も得心できよう。それゆえ、中心人物である「藤井斉、上海で戦死」の報はあまりに衝撃的だったのだ。

燃えだすテロの季節

上海事変は、一九三二（昭和七）年一月二八日に勃発した。

反日集会や日本商品排斥の活動を強めていた上海の住民と日本の在留民が衝突し、日本人僧侶への暴行事件と居留民側の応酬が事態に油を注ぎ、さらに抗日義勇軍の旗揚げ、日本から出動した海軍の陸戦隊と中国の精鋭・十九路軍のにらみ合いから、とうとう両軍の市街戦にエスカレートした（戦後、日本人僧侶の事件が実は満州事変から国際的な関心をそらすため、板垣征四郎関東軍高級参謀が上海公使館駐在陸軍武官補佐官の田中隆吉少佐に依頼した謀略だった、と明らかになっている）。

海軍の上海への派遣艦隊に空母「加賀」がおり、乗り組んでいた藤井斉（当時は大尉）は二月五日、偵察飛行中に撃墜された。残した日記には最後まで「革命」の文字があった。

「藤井斉海軍大尉戦死（於上海）深ク氏ノ英霊ヲ祈リ、我等ハ氏ノ志ヲツイデ故人ニ恥ヂザラントス」

という勝雄の想念を真っ先に体現したのは、井上日召のグループだった。勝雄の驚きはわずか四日後、二月九日の日記の短い一文に表された。

「井上準之助殺サル」

満州で聞いた、後にいう「血盟団事件」の報だった。

井上準之助は二年前の一九三〇年一一月一四日、ロンドン軍縮条約に憤る右翼青年に狙撃された民政党内閣、浜口雄幸首相（翌年八月死亡）の盟友で、第一次世界大戦後の経済再生のため「金解禁」を推し進めた蔵相だ。

当時のグローバルスタンダードだった金本位制に復帰し、円高政策による脆弱企業淘汰と日本経済の競争力強化、軍事費を含む緊縮財政の道を採り、国民に、「人は伸びんとすれば先づ縮む。今日の節約緊縮は将来の為」と改革の痛みへの忍耐を求めた。だが、折悪しく世界恐慌が日本を呑み込み、都会も農村も未曾有の苦境に沈む。国難の元凶であると、井上は狙われた。

下野した民政党の選挙応援で、井上は東京・本郷区の駒本小学校に降りた直後に背後から三発撃たれた。

取り押さえられたのは茨城県出身の小沼正。凶器は、井上日召が藤井斉ら海軍将校から受け取り、弟子の青年たちに「一人一殺」の政財界要人暗殺を命じて与えた拳銃のうちの一丁だった。三月五日には三井財閥総帥の団琢磨が殺された。三井銀行が経済混乱のさなか円相場下落を見越し大量のドル買いをしたことが、「一夜で巨利を得る売国行為」と、財閥糾弾の世論を招いた。銃弾を発したのは菱沼五郎、やはり日召の使徒だった。

有名な「男子の本懐」の言葉のほか、「およそ政治ほど真剣なものはない。命がけでやるべきものである」と語り、銃弾が残る体の痛みを押して国会に登壇した浜口雄幸。その浜口から蔵相就任を求められて「一命を賭す」と約し、財産目録を書き出し妻に事後を託していたという井上準之助。

「あの頃の政治家は、いつでも国に殉じ、腹を切る覚悟でした」と、たまさんの取材でよく聞かされた。

結果責任を問われる立場はいつも時代も変わらないが、では、同じく国に命を捧げる者を「殺す側」の論理はどう正当化されるのか。「昭和維新」胎動の中に身を投じた勝雄に、その葛藤は見えない。三月二八日の日記には「暗殺団十数名起訴カ」と新聞の読後評があり、次のように続く。

「彼等ハ昭和維新ノ志士ナリ。何ゾ他ニ呼応シテ起ツ士ノ少キヤ。百ノ慰問袋ヨリモ何程有リガタイカ分カラズ。モット殺シテカラ摑マレバヨカッタガ。

井上日召ハ部下ヲカバヒ罪ヲ一身ニ引受ケントシタル由、偉ナリ。他ノ団結マタ真ニ固ク美シ。

余ハ死ストモコノ暗殺団ヲ守リタシ」

五・一五事件の衝撃

勝雄が記した『對馬勝雄満州事変従軍行動概要』（『邦刀遺文』所収）によれば、満州着任以来、「匪賊」との三度の小戦闘しかなかった北満のチチハル駐屯を経て、混成第四旅団にようやく新しい任務が下された。張学良の抗日拠点であった錦州への出動である。

将兵の様子を『歩兵第三十一聯隊史』（歩三一岩手会聯隊史編纂委員会編、一九七六年）はこう記す。

「チチハルに於て警備すること四ヶ月、武運拙きを恨んで居た。突然、三月十七日朝二時、大隊は出動命令を受けた。南満荘河県［関東州。遼東半島先端の隣県］の治安維持の目的を以って、直ちに出発することとなった。懐かしいチチハルを午前十時多数官民の見送りを受け、発車した。大隊将兵の眉宇には、輝かしい未来と、来たらんとする戦にこそ天晴れ武勲を立てんとの決心の色が閃いていた」

広大な満州での移動には鉄道各線がフルに利用された。勝雄らはチチハルから新京（同年三月一日の満州国建国後、首都として長春から改称）、奉天（現・瀋陽）を経て南下を続け、大連の手前の関東州・金州で乗り換えて、城子疃という終着駅の小さな町に降り、出動先の荘河にトラックの車列を組んで進軍した。やはり現場の軍人である。勝雄の打って変わった颯爽たる気分が、青森の実家の父、嘉七に宛てた手紙（一九三二年三月二四日付）にあふれる。

チチハルで第二大隊の将校たちと並ぶ勝雄（後列左から2人目）
（波多江たまさん提供）

「匪賊は初め城子疃のすぐ西方まで来てゐましたが逐次北方方面へ逃げた様であります。荘河人口一万五千にて沿岸に近く海賊と馬賊の巣窟でありました。こゝに向って自動車で前進した有様は実に勇ましくありました。〔中略〕そこから私は半ヶ小隊と機関銃一ヶ分隊を率ひ自動車二台で斥候となり大隊に先行しました。途中匪賊やら避難民やらどん／＼北方に向って逃げるのを見ましたが一発も射撃せず午後三時すぎ荘河近くに進出しました」

「此の附近は我第二軍〔奥保鞏《おくやすかた》大将〕が日露の後に上陸した沿岸にてその昔を思いうかべて多少の感慨なきを得ませんでした」

その後、四月六日まで計五回の戦闘が『従軍行動概要』に記録され、いずれも「敵匪」を「潰滅ス」「潰走四散セシム」「潰亂セシム」「潰走セシム」と文字も踊るような戦果

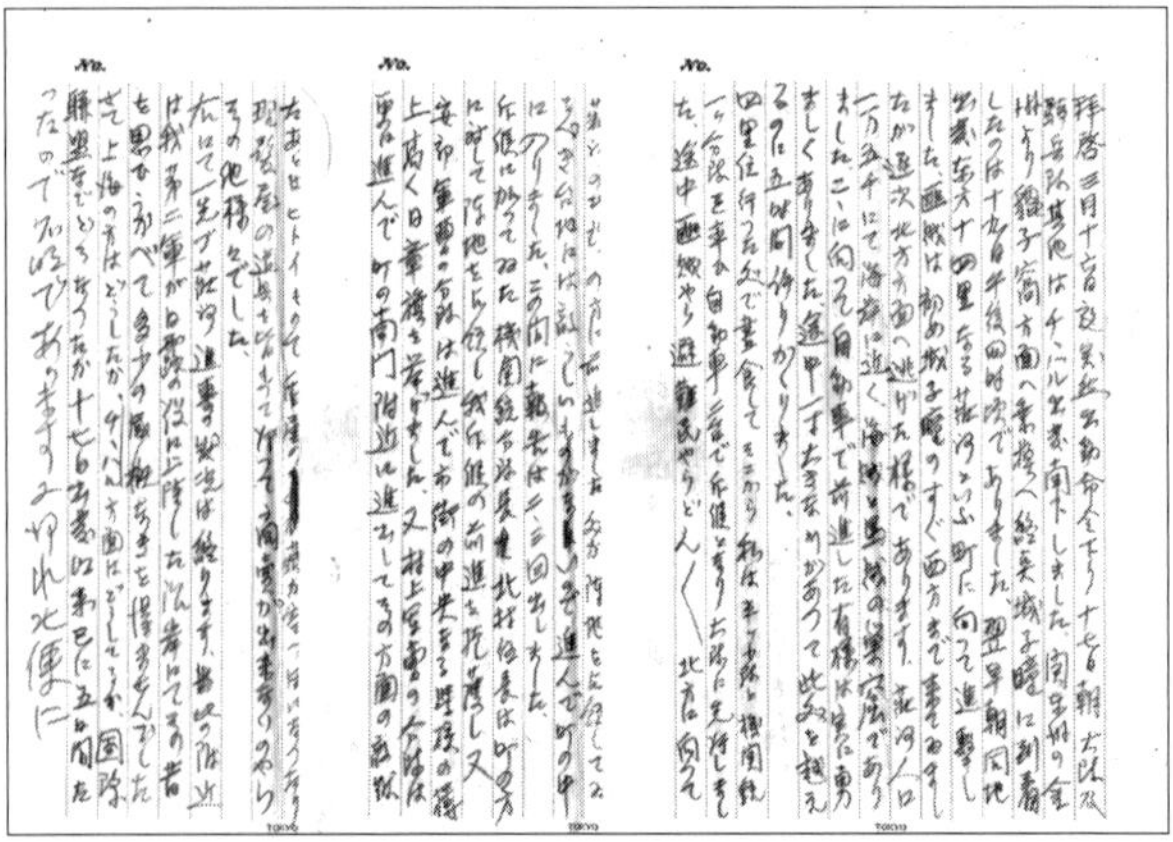

青森の父嘉七に荘河出動を伝える勝雄の手紙
（波多江たまさん提供）

を得た。

現地の治安維持の任を果たした勝雄らは四月二二日、一度は参戦がかなわなかった錦州に入った。弘前から大勢の新兵たちを引き連れて到着していた第三十一連隊の本隊と合流し、新編成の下で錦州警備に就いた。

人口五、六万の遼西地方の中心地で日本人、朝鮮人が約三〇〇人在住しており、ここでも匪賊との戦闘が始まったが、勝雄は、

「気候目下温暖、高粱［コウリャン］の播種終り芽が出初《マ マ》めました。便衣社［ゲリラ］の比較的出没せず、これ第八師団の軍隊に油断なきためであります」

と、父への五月一二日付の手紙に書いた。

しかし、その三日後、内地で起きた大事件が勝雄を再び「昭和維新」へと引き戻す。

「東京ニ於テ陸海軍青年将校士官学校生徒其他騒擾アリ。犬養［毅］首相ハ死去ス（十五日夕五時半

頃）壮挙ノ報伝ハリテ手ノ舞ヒ足ノフム所ヲ知ラズ」

起きたのは、戦死した藤井斉の遺志を託された海軍将校らによる「五・一五事件」。勝雄は料亭で仲間の将校らと祝杯を挙げたと翌五月一六日の日記につづった。だが、内心は違っていた。

後から伝わった詳報には、犬養首相を拳銃で襲った海軍の三上卓中尉、山岸宏中尉、黒岩勇予備少尉、村山格之少尉らの顔触れと共に、一一人の陸軍士官学校本科生が参加していたとあり、その中に、第三十一連隊で勝雄と交わりを結んだ後輩、弘前出身の野村三郎がいた。

満州の激戦、募る焦燥

野村は犬養首相殺害実行の現場に居合わせ、八月に行われた陸軍軍法会議の事実審理で国家問題に関心を持つに至った経緯を法務官から問われて、

「昭和六年八月であります。休暇中同聯隊の将校である對馬中尉殿（当時は少尉でありました）から国家の現状に付て少し承りました」「［国家革新に］同意を致しました」

と答えた（『検察秘録　五・一五事件』）。

勝雄はすでに憲兵が相馬町の実家にも立ち寄るような「要注意人物」で、五・一五事件関係者の取り調べでも、四年後の二・二六事件を起こす陸軍の村中孝次中尉、安藤輝三中尉、香田清貞中尉、栗原安秀少尉、末松太平中尉らと共に証拠資料に秘かにリストアップされた。

しかし、勝雄の関心はそんなところにはなかった。同じく混成第四旅団の将校として満州にいた末松中尉が後に、当時の思いつめた勝雄の行動を『私の昭和史』に書き留めている。

「このあとすぐ、錦州から対馬勝雄中尉［この時は少尉］が興城にやってきて、一緒に内地に潜行しようと、しつこくさそった。自分の連隊から、野村候補生がこの事件に参加しているのだし、対馬中尉の気持はわかりすぎるほどわかっていた」

「とっさに考えついたことは、早速全満の同志によびかけ、減刑歎願の署名と、差入れの金を募る運動をおこし、それによって五・一五事件の意義の闡明《せんめい》をすることだった。これで対馬は渋々ながら錦州に帰っていった」

激しく心揺れる勝雄を、いよいよ満州での激戦が巻き込んでゆく。

第二節　昭和維新胎動の中へ

山村に残る凶作の記憶

東北新幹線の二戸《にのへ》駅（岩手県二戸市）から北上山地に分け入った「荷軽部《にかるべ》」（久慈《くじ》市山形村）という集落に、「バッタリー村」の看板がある。

地元の木藤古《きとうご》徳一郎さん（八九歳）が、昔ながらの山村の暮らしを伝える活動の場として、沢水で動く唐臼《からうす》「バッタリー」の小屋や、わら細工、木工品の作業場などを開放し、遠来の来訪者たちと語り合う。山村文化の取材で知った木藤古さんは、一九三〇（昭和五）年生まれ。一九三一～三四年にわたる東北大凶作を記憶していた。

父の徳太郎（故人）は樵《きこり》と冬の炭焼きをし、畑を開墾してヒエ・アワを作り、地鶏や牛を飼った。ヒエ・アワは一反当たり一斗（約一五キロ）近くとれたが、家に余裕がなく、食べることなく売ったという。雑穀が、高冷地で田んぼのないこの地方の主な糧だった。

木藤古さんが見せてくれた昔の山村食が、乾燥させたカブの葉と、硬く寒干しした小粒のジャガイモ。前者は冬に自家製みそ、ウサギの肉と「青菜汁」にし、後者はバッタリーで粉にし餅にした。山の厳しい冬を何年も生き延びるための保存食であり、救荒食であった。

乾燥させたカブの葉と寒干ししたジャガイモ。山村の保存食を手にする木藤古さん。久慈市山形村の「バッタリー村」にて

「この地方は貧しかった。誰も小学校に持っていく弁当がなく、『ほど餅』を懐に入れてくる者はいい方だった。小麦粉の餅で、ない時はそば粉を使い、みそを付けて葉っぱにくるんで囲炉裏の熱い灰で焼いた。白いコメの弁当を食べていたのは先生だけだったが、『徳一郎、弁当ないのか』と分けてくれた。コメは大っぴらに食べられるものでなかった」

腹を膨らませたものは山に豊富なドングリ。命の糧だった。

「ドングリを集めてバッタリーで皮をむき、灰汁抜きし、味がないので砂糖や黄な粉をまぶして食べさせられた。『シダミ（ドングリ）の木のない家に、娘を嫁にやるな』と、この地方では言われた。戦後は杉の造林のために邪魔者だと伐られたが、昔から山の恵みとして大事にしたものだ」

山村に残ったドングリなどの食習慣は、東北の先祖である縄文人たちのブナ林文化圏の暮らしから連綿と続く。それが、寒冷な気候や厳しい冬、幾度もの飢饉から人々の命を守ってきた。木藤古さんは、「それを貧しさとは思わなかった。自然と共生し、身の回りにないものは手作りした先人たちの知恵は、いまの人たちに伝承すべきもの。誇りに思っている」と語る。だが、昭和の大凶作はそんな山村の歴史の中でも過酷なものだった。

「ワラビの根も掘って食べたんだ［潰して澱粉を取り、餅にする］。いいワラビが出る所を調べて『蕨窪』と名付け、集落の皆には教えないで採ったものだ、と父から聞いた」

「もっとひどい時は、アカマツの皮をむき、中の軟らかいところまで食べた。囲炉裏でいぶして、足踏みのバッタリーで潰すと、何とか食べられた。だが、俺には食わせなかったそうだ。初めての子どもだから、大事にされたのかな」

徳太郎は、二・二六事件の翌年に当たる一九三七年、弘前の歩兵第三十一連隊に入営し、支那事変で中国へ出征。働き手の父を奪われて炭焼きの現金収入を絶たれ、「祖父は年を取っていたし、家族は毎日を生きるだけで精一杯だった」。

勝雄が満州事変に従軍した三一～三四年当時とは時期がずれるが、率いた兵の多くは同じ岩手県出身の農民たち。その誰もが、大凶作で日々難儀する家族への深い憂いを胸に出征した。

新聞が報じた農村の惨状

勝雄ら混成第四旅団（第八師団の岩手、青森、秋田、山形の各連隊で構成）に関東州荘河県への出動命令が出され、匪賊の掃討作戦が行われていたさなかの一九三二（昭和七）年三月三一日。敵の潰走《かいそう》が続いた戦況の余裕からか、勝雄は青森の実家の父嘉七宛に長い手紙を出し、そこで東北を覆う大凶作に触れた。

「秋田新聞［秋田魁新報］では食ふものがなくて他人の犬を盗んで殺して食って引っぱられたとか、村中の犬猫がなくなったとか殺人的不景気ですね。豊年は豊年飢饉、凶年は凶年飢饉で百姓はどうにもならないでせう。こんな有様でゐる癖に出動［征］者に対しては少しも後顧の虞《うれ》へなしなどといふお役人は気がしれません。

先日も第五連隊のある兵隊は妹が死んでもそのしらせが家から来ずに新聞で葬式を出せないでゐるのが分って泣いてゐたさうです。家ではしらせるにも参銭切手をかふ金がないのださうでまづ〳〵呆れたものであります」

勝雄の満州での日記には、内地の新聞を読んでの記述が目立ち、全国紙や東北の『東奥日報』、『河北新報』からの引用もある。新聞各紙は空路、現地司令部などに届いていた。混成第四旅団を構成する第八師団（司令部・弘前）傘下連隊の地元で郷土兵たちの活躍がどう報じられているか、確認するのも勝雄ら上官の日課だった。

それらの新聞が競って北東北の農村に記者を派遣し、天明天保の飢饉の伝承をほうふつとさせる見出しで窮状を伝えるようになったのは、前年の三一年晩秋からだ。

「凶作地を行く　見るも惨めなこの生活　昨今の寒さに明日の糧もなき有様」（一九三一（昭和六）年一一月一二日の『東奥日報』）

「牛馬の様な食物で露命を繋ぐ　浦野舘村農民の困窮」（同年一一月一八日の『東京日日新聞』青森版）

「放棄すれば死を待つのみ　全村児童は飯を食べぬ」（同年一一月二〇日の『青森報知新聞』）

「青森凶作地に餓死迫る　この惨状から同胞を救へ」「二人の娘を身売り　病床に餓死を待つ老父」（同年一二月二〇日の『時事新報』）

「凶作に悩む村から奪はれ行く娘たち　悪辣な人買ひ盛んに横行　彼等は遂に底知れぬ魔窟へ」（同年一二月二五日の『東京日日新聞』青森版）

前年には世界（昭和）恐慌で、絹、コメなど農作物の値が暴落し、「獲るほど赤字」の借金地獄に呑まれた農村を、今度は大冷害が襲った。青森県では収穫高が半減。ヤマセ（冷涼な北東風）の吹く太平洋岸を中心に皆無作に近い地域が相次ぎ、記事にある浦野舘村では三分作以下が九五％を占めた。

県は食糧難に陥った農家に政府（備蓄）米を払い下げたが、これとて返済の負担を伴った。娘身売りなど衝撃的な報道は東北の農村救済の世論を喚起したが、過酷な現実の表面でしかない。

『青森県農地改革史』（一九五二年）はこう記録する。

「農家食料の窮迫状況にもかゝわらず、同年県内の農産物検査所で移出検査を受けた本県産米の数量は四十四万二千四百十六俵で同年収穫量の六十六万四千三百八十九俵の六七％に達していた。もしこれが実際に県外に移出されたとするならば最も極端な窮迫販売が行われたということであり、文字通りの飢餓販売であったといえるのである。しかもこれは地主の手を通じて売られる小作米であることは明らか」

「小作農はこの年の凶作減収にもかゝわらず例年地主が販売したのと同じだけの米を小作料として貢ぎ、自らの飯米をなくして政府払下米を借り受けて負債を背負いながら凶作の翌年を過ごしたのであった」

慰問袋と兵士たち

遠い満州で、勝雄は苦境の古里をどう眺めていたのか。

青森発の農村報道が相次いでいた一九三一（昭和六）年暮れの一二月一七日、チチハルからの父嘉七への手紙につづった。

「他地方の同情により、安価なる社会政策にたより、やれ歳末同情週間だの何だのといつまでも根本的救済の出来ぬことは残念であります。青森県民の名誉のための、また将来子孫のための今度こそ他力にすがらず何でもかまはんから自治体にてやりくりして根本的政策をなすべきでありませう。慰問品など［戦地に］しいて送る必要なし。国民一般に余裕あっての慰問品なら喜ばしいのですが、そうでないのですから心苦しいものです」

慰問袋は、晒し木綿の布や手ぬぐいを縫った袋で、身の回り品、薬、菓子、缶詰、たばこなど多種多様な品が内地から戦地の兵士に届けられた。日露戦争時に広まり、満州事変の際にも全国紙が旗振り役となって半年で一三七万二七四二袋が海を渡ったという（森理恵「戦争支援・被災地支援と『慰問袋』――近代日本における支援活動の発達」『日本家政学会誌』第七〇巻第八号、二〇一九年参照）。

勝雄の青年将校運動の同志で、第八師団傘下の青森・第五連隊付き中尉だった末松太平は、戦後の著書『私の昭和史』で、凶作地出身の兵士たちと慰問袋の話を記している。末松中尉らは、

満州での労苦を共にした第三十一連隊の将校ら幹部と勝雄（前列右から2人目）（波多江たまさん提供）

満州の駐屯地で配られる慰問袋の中から保存の効く食料品や日用雑貨を蓄えさせ、その都度、生活困窮に悩む実家に軍事郵便で送らせたという。

やはり満州で、同僚の中隊長が部下の兵士から見せられた手紙の話も『私の昭和史』にある。その差出人は父親らしく、

「お前は必ず死んで帰れ。生きて帰ったら承知しない」

といった信じがたい文面であり、続けて、

「おれはお前の死んだあとの国から下がる金がほしいのだ」

との意味のことが書いてあった。

「この親の希望は、それから間もなくかなえられた。次ぎの討伐でこの兵は戦死したからである」

勝雄は父嘉七宛の便りで、

「真に恐れ入りますが左の品物ありました

らお送下さい、栄養志る古《しこ》（五十人分）　株式会社栄養食料研究所　大てい食料品店にあるでせう」（一九三四年一月一六日）

など、大人数の食べ物をたびたび注文して送らせ、部下に配った。瓶詰のすじこやイカの塩辛、昆布、身欠きにしん。戦地ではご馳走だった。水産物加工を営む実家に頼みやすかったのだろう。俸給から毎月の仕送りとともに代金を送り続けた。

妹たまさんは不況の渦中の東京で洋裁の仕事をし、同居して働く姉タケと懸命に暮らした。薄給のため満州の兄に慰問袋を送る余裕はなく、せっせと手紙を出したという。勝雄は戦地からの便りに「がんばれ、がんばれ」と書いて寄こし、逆に二〇円（現在の価値で約一万二〇〇〇円）の激励金を送ってきた。

たまさんは『邦刀遺文』の手記で当時の兄をこう追想した。

「兄は貧乏の中で育ったのに全くお金には無頓着で、第三十一連隊勤務中もよく［父の郷里、青森県田舎館村の］伯父たちから借金していた」

「満州事変の慰労金というか報奨金というのか、とにかく少ない金ではなかったようですが、恐らく戦死した部下の遺族訪問、香典、同志間のカンパ等で大方つかってしまったのだろうと思います」

高粱畑の終わりなき戦い

満州の戦いは、「匪賊」と称され無数に割拠した武装集団や、旧軍閥、各層の結社、自衛団な

高粱が高く茂る夏、敵の待ち伏せを警戒しながらの行軍（勝雄が妹たまさんに送った写真）（波多江たまさん提供）

どが各地に組織した抗日義勇軍（満州国に反旗を翻す〝偽勇軍〟とも勝雄の手紙にある）、共産党系の遊撃隊などとの終わりのない戦闘だった。

敵は、夏は背丈四メートルにも伸びる高粱（コウリャン）畑に身を潜めて待ち伏せ攻撃を仕掛け、反撃すれば逃散し、新たな集団に姿を変えた。

関東軍、満州国は治安法制を制定して抵抗を抑え、討伐しようと躍起となった。だが、戦闘は都市から農村部まで広がり、地域的な勝利をいくつ重ねても治安回復には追い付かなかった（岩崎富久男「中国東北における抗日救亡運動――東北抗日義勇軍の活動」『明治大学人文科学研究所紀要』第四六巻、二〇〇〇年参照）。

勝雄ら昭和の軍人が神話化した日露戦争の栄光ある大会戦はなく、敵は「五族協和」のスローガンを掲げた満州国の民衆の中にいる。勝雄は、倒れた死体に「誓殺倭寇」の腕章を見た。

「我第七中隊の警備区域たる小凌河［錦州の川］

鉄道橋には毎夜の如く弾丸飛来し先日も軍曹以下十二名は三十分にわたり交戦して敵を撃退いたし候本夜も亦暗中にて十数発交換し一番物騒に候」（一九三二（昭和七）年四月三〇日、嘉七への手紙）

「六月七月となればいよ〳〵高粱繁茂期に入るためどうしても叛軍に対しては五月中に徹底的攻撃を加ふる必要あるべく私共も期待罷在候［しております］熱河との境には［張］学良の義勇軍なるもの多数あり」（同）

「当面の敵匪賊は高粱繁茂期迄積極的活動を中止せるが如く目下稍々《やや》平静に候　張学良は最近高粱繁茂期を期して満州国を擾乱すべく高粱の色に等しき青色の軍服まで準備しある由」（六月二八日）

「何しろ真暗闇の高粱畑の中で何が何やら少しも分からず全くの不規［則］戦でありました。この戦斗で中隊の喇叭《ラッパ》手一名腰に負傷し又私の乗馬は腹と足に弾丸をうけ間もなく戦死しました」（七月二八日）

「敵は山頂から射撃する一方正面はぞろ〳〵退却し、早きこと蚤の如し。砲撃のため逃脚たって殆ど戦斗にならず乗馬隊には私が一部前方警戒にと命ぜし処一寸私の見てゐない間に皆前進して忽ち前面の高地を占領しあり。匪賊はボサ［草藪］や村にかくれて見えぬ様に相成候」（一〇月二日）

敵を追って熱河省境まで行軍した後の同年七月一三日夜、勝雄は、

「炎熱焼くが如く山径崎嶇として人馬共に悩みました」

と、疲れを滲ませる手紙を嘉七宛につづった。

酷暑で倒れる者、腹痛に苦しむ者もあり、露営は雨の中。夜襲への緊張の中、大隊長が天を仰いで弘前の岩木山神社を遥拝し、ついに雨が上がったという。

「どうぞ岩木山の方に拝んで下さい。お礼であります」

と、日露戦争の戦場を知る嘉七に書いた。時に戦況図も手書きで入れ、暇を惜しんでは近況報告を続けた。明日の命はないとの覚悟からだったか。

その手紙の中で勝雄は、秋田・第十七連隊の菅原新平軍曹の死を伝えた。

同じ旅団の第十七連隊は錦州郊外の大虎山に本部を置いていた。戦死は同年七月七日。

「十名足らずで二百五十名の敵と激戦した由であります。最後まで『進め進め』と号令をかけた由で、十一日の日火葬の跡を弔って来ましたが痛恨至極でありました」

と、勝雄は万感の思いでつづった。

無二の同志の戦死

菅原軍曹（戦没後、曹長）は、勝雄に国家改造運動の洗礼をした陸軍仙台教導学校（下士官の養成機関）元教官、大岸頼好中尉の教導学校時代の最初の教え子として薫陶を受け、勝雄とは同じ第八師団傘下の近隣秋田の第十七連隊にあって同志の絆を結んだ。

満州事変へ出征前の一九三一（昭和六）年一〇月、陸軍急進派組織「桜会」による政党内閣打倒クーデター未遂事件「十月事件」の際も、上京し蹶起に加わろうとする勝雄と行動を共にした。

秋田県金浦町（現・にかほ市）に生まれ、旧制本荘中学で柔道に励んだという。生前を知る人は地元にいなかったが、「英雄だったと伝わっている」と身内の方から聞いた。

田園の中の集落墓地を訪ねると、てっぺんが神道の角兜巾《かくときん》形をした大きな塔の墓石に、満州出兵時の第十七連隊長だった佐藤文二少将の揮毫でこう刻まれている。

「昭和七年七月六日警乗ノ途次満州国北鎮縣何営子ニ於テ抗日義勇軍ト遭遇シ力戦殊功ヲ立テ翌七日遂ニ其任ニ殪ル」

前掲『私の昭和史』は、末松が当時、直に見聞したと思われる菅原軍曹戦士の詳細な経緯を伝える。

現場は、連隊の一分隊がいた北鎮（現・北鎮市）まで食料や郵便物、慰問袋を毎日運ぶトラックの通り道。その日、菅原軍曹率いる軽機関銃一箇分隊の警乗した定期便が、途中の高粱畑で待ち伏せ攻撃に遭って包囲され全滅したという。そして勝雄についての記述が続く。

「錦州にいた対馬中尉［当時は少尉］は、その追悼式に駈けつけ、菅原軍曹の遺骨の一部をもらいうけ、その一片を噛みくだいて嚥下した」

「満州国の治安を守る」という大義名分に隠された戦争の現実を、勝雄は無二の同志喪失の痛みをもって知る。その日記や手紙には、苦闘苦戦の末に討伐した敵の死体の数とともに、手塩に掛けて教育し慈しんだ農村出の部下たちの死の記録も重ねられていく。

「千葉善一一等兵戦死（出発間際ニ匪賊ト交戦ス）車中悔状ヲ作ル」（一九三二年三月一七日の日記）

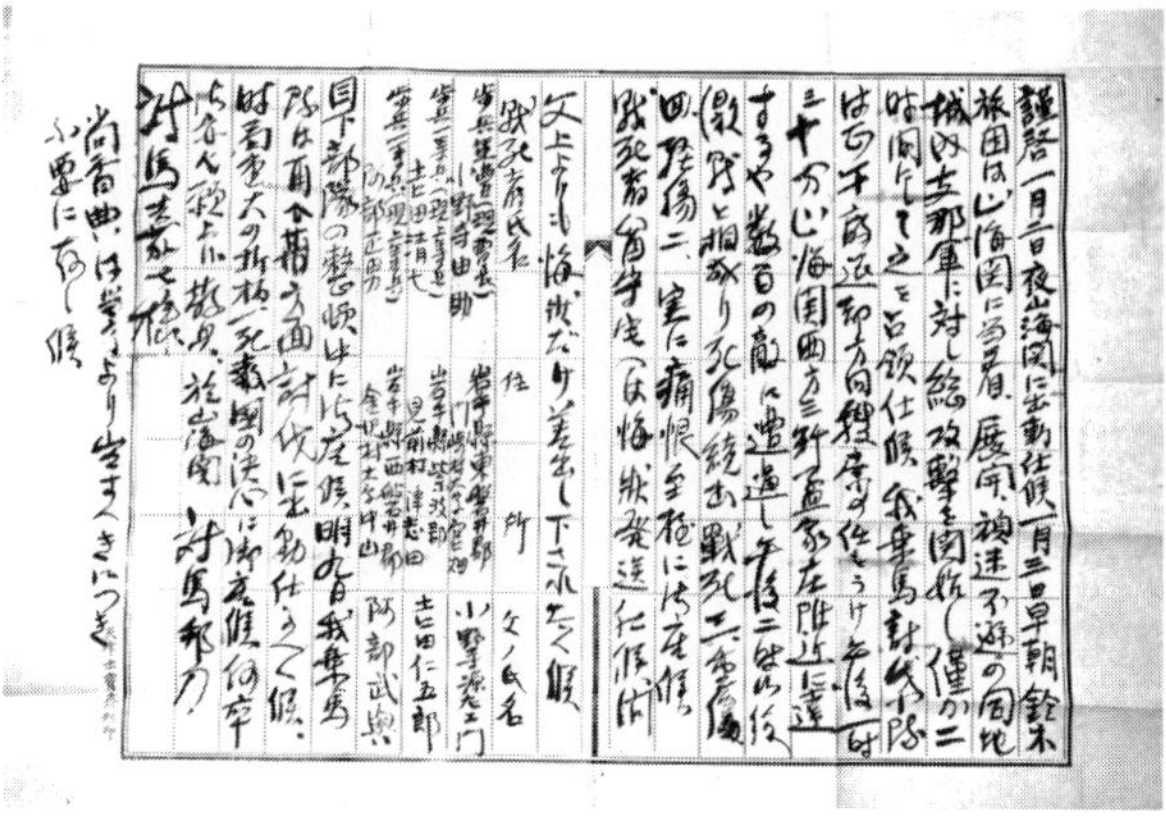

山海関の戦闘で岩手出身の3人の部下を死なせたことを伝える勝雄の手紙（嘉七宛）（波多江たまさん提供）

「夜半早久慈上等兵火葬中ニシテ火焔炎々天ニ冲ス。逝ク者ハ皆カクモ果ナキカ」（同七月二七日）

一九三三（昭和八）年の年明けには、満州と中国の境の山海関（渤海湾に面した万里の長城東端の要塞）で、何柱国将軍の中国軍と関東軍守備隊の衝突があり、出動した混成第四旅団が初の大規模な交戦をした。一月三日、山海関にこもる中国軍に艦砲射撃も行われ、砲撃戦の末、第三十一連隊、第五連隊が城内に突入し南門に日の丸を掲げた。この時、勝雄は乗馬小隊長。

「此の日敵の退路を遮断の任務を持った対馬中尉の指揮する乗馬小隊は、西関外で強硬なる敵の猛火を浴びつゝ、勇戦奮闘したのも大書すべき事実であった」

『歩兵第三十一聯隊史』でこう賞された戦功は、部下三人の戦死を代償にした。いずれも岩手の遺族に勝雄は長文の手紙を書き、香典を送り、父嘉七にも弔辞を頼んだ。手紙は、

「戦死に至らしめ小隊長たる小官は御遺族の皆々様に対し申訳の詞もなく皆々様の御心中を恐察してはたゞ断腸の思ひに御座候」

と、わが身を斬るような切々たる言葉に満ちる。

機関銃分隊弾薬手だった阿部正男一等兵の兄には、

「正男君は苦痛を忍んで勇を鼓し軍歌『戦友』を唄ひ『死んだら骨を頼むぞと』の章に至るやその悲壮なるに分隊長も亦泣いてこれに和唱致し候」

と末期の様子を詳しく伝え、これに感謝した兄から嘉七にも礼状が届いた。

共ニ死スヘキ部下カ後顧ノ憂ヲ

三年後の一九三六（昭和一一）年三月一日。

二・二六事件の鎮圧後、東京憲兵本部による訊問の中で、被告人となった勝雄は答えた。

「殊ニ満州事変テハ自分カ指揮官トシテ自分ノ部下ノ後顧ノ憂ヲ感得シ又自分トシテモ国内ノ内憂ニ対スル心配カ大キクナリマシタノテ共ニ死スヘキ部下カ後顧ノ憂ヲ持チツヽ或ハ斃レ或ハ傷ツイタ事ニ依リ更ニ自分ハ此ノ事変ヲ生キテ帰ツタナラ是等ノ部下ノ為ニ其後顧ノ憂ヲ取リ除イテヤロウト決シ……」（『邦刀遺文』所収『憲兵訊問調書』）

「後顧ノ憂」を取り除くために求めたものは何だったか。父嘉七の手紙にあった「根本的解決」とは何なのか。過酷な現実を知りながら、それでも満州の地で夢見ようとしたものが勝雄にはあった。幻と消えた時代の夢であっても、それを掘り起こしてみたい。

第三節　戦塵の彼方、見果てぬ夢

農の暮らしへの憧憬

『幻想交響曲』（エクトル・ベルリオーズ作曲）に「野の風景」（第三楽章）という不思議な楽章がある。追い求めても手の届かぬ女への恋情に翻弄され、断頭台への道を生き急ぐ男に訪れる束の間の静寂の夢。

読むたびに連想を誘う記述が勝雄の日記にある。

満州での戦闘が激しさを増していたさなかの一九三二（昭和七）年四月一日、奉天で書かれた日記の「余ノ個人生活ノ理想」と題された一節だ。

「余ハ故郷ノ平和ナル一部落ノ百姓トシテ暮シ得ンハ甚ダ満足デアル。余ハ敢ヘテ村長タルヲ希望シナイ。自ラ人生ヲ楽シミツヽソノ部落ノ自治助長、共存扶助ニツクシ且ツ文化ニ貢献スルニ力《つと》ムルノミデアル。シカモ日常国家的問題ニ注意ヲ怠ラズ推移ヲナガムルデアラウ」

「余ハ自作農トシテ最小限二町歩乃至一町五段歩ノ土地ヲ有スレハ満足デアル。其内概ネ半分ヲ田トシ残リヲ畑地及宅地ニスルデアラウ。別ニ私有又ハ共有ノ山林等ガアレバ多々益々弁ズルノミデアル」

「余ハ馬ヲ一頭鶏ヲ数十羽飼ヒタイト思フ。コレニヨッテ肥料ヲ自給スルノデアル。余ハ村オ共同製酒所ヨリ自給セラル丶濁酒ヲ飲ンデ陶然トセンコトヲ願フ。菓子ヲ購ウコトナク甘藷、南瓜、菓物ヲ代用センコトヲ思フ。又乾柿ヲ以テ糖分トシ蜂蜜ニヨリ菓子ヲ自製センコトヲ思フ。下駄ヲハカズ草履ヲ用ヒ懐中電灯ヲ用ヒズ提灯ヲ用フ（然シ燈火ハ電燈ニヨラント欲ス）燃料ハ山ノ柴ヲ用フ」

「莨《たばこ》ハ畑ニ栽培ス。蓋シ莨ノ栽培ハマタ畑ノ害虫ヲ去ルノ効果アルナリ。家ノ北側ノ軒下ニハ『ミジ』〔山菜のミズ〕ヲ栽培スルデアラウ」

駐屯先だった関東州荘河の兵営の夜更けにつづったのだろうか。東北の同時代人であった宮沢賢治（一八九六～一九三三年）の『雨ニモマケズ』の響きにも通じる静謐な決意や、農の暮らしへの憧憬が、殺伐たる戦地の砲煙、銃声、阿鼻叫喚とは別の世界から伝わる。最後の一節はこうだ。

「余ハ村ニ少年団ヲ建設シタイト思フ。ソハ質素作業洋服ヲ着テ相当軍規的訓練ヲ施スノデアル。又鳩ト犬等ニ稍々重点ヲオキ一面我軍事界ニ資スルノデアル」

このくだりだけ軍国的に聞こえるかもしれないが、私には、勝雄が古里・青森市相馬町での貧しい少年時代、近所の男の子たちを集めて軍旗や基地を作り、教練ごっこをし、イソップ話を聞かせた「少年団」を瞼によみがえらせているように思える。

果たして、古里の現実はどうだったのか。一九三〇（昭和五）年の昭和恐慌で疲弊し、翌三一年に始まる東北大凶作に追い討ちを掛けられた東北の村々には、寒々とした枯れ田や娘身売りの光景があり、困窮した小作農民たちと地主とのさらに激しい争議が広がっていた。

先鋭化する小作争議

「小作人から田畑をとりあげるな」「小作人を人間扱いにせよ」「小作人の生き血を吸う鬼畜地主を倒せ」――。

一九二六（大正一五）年、本州北辺の冷害常襲地にこんなスローガンを筵旗《むしろばた》に掲げ、地主に対峙した青森県車力村（現・つがる市）の農民組合の話を第三章「津軽義民への道」で紹介した。大凶作でも収穫の四割もの小作料を頑として譲らぬ地主との闘いは、さらに先鋭化した政治闘争となっていた。

戦前・戦後の青森の農民譚を記録してきた著述家、秋田義信さん（九四歳）は、昭和初めの騒然たる古里・車力村を多感な子どもの目で見つめた。

「小学生でランドセルやズック靴は地主の子ども一人。あとは風呂敷包みを腰に結わえ付け、男子は夏に裸足、冬も足袋だった。女の子は田んぼに出る親の手伝いで休んだり、弟や妹を学校の廊下で子守りしたりした。

集落では農民組合が開く街頭演説会が盛んで、淡谷悠蔵（全国農民組合青森県連合委員長・戦後は衆議院議員）や青森の共産党の大沢久明らが我が家の前で熱弁をふるった。私が夕方の食卓で『われわれ労働者は……』と弁士を真似て、父親から怒られたものだった」

「地主は小作料を払えない農家の土地を取り上げようとし、農民組合がそれを阻止した。小作

昭和初めの村の暮らしを絵にした秋田義信さん。2019年5月、青森市

米不納で団結し、地主の手先が農家に催促に歩くと仲間で包囲し、地主の家に押し掛けた。ある尋常小学校では農民組合の人たちが子どもを学校にやらず、国定教科書の授業を受けさせない運動を始めた。

『アカ』といわれて首になった教師を連れてきて、お堂を教室に臨時学校を開いた。その読本の初めに『地主の子どもはゲンダカ〔方言で毛虫〕の子』とあったそうだ。小学校の朝礼には誰も来ないので、校長が烈火のように怒った。警察からは弾圧されたが」

当時の労働人口の半分を占めた全国の農民の負債は、一九三一年七月の農林省の推計で約六〇億円（現在の価値で約一〇兆八〇〇億円）、一戸当たり約一〇六〇円（同約一九〇万円）で平均年収を上回り、一九一二（明治四五）年の推計との比較で八倍余に急増した。革命前夜のような車力村の様相は、もはや起つしか手段のない農民の絶望の現れだった。暴力で潰そうとする地主との衝突も各地で頻発した。

「厖大化する農民負債の相当部分は高利貸しあるいは寄生的地主からの法外な高利率をもっておこなわれ、このことがさらに農民経済を圧迫し負債を累増せしめた」

「農業恐慌の激化は、農業危機を一層具体化し、国家権力をかつてない動揺にみちびき、何らかの補強工作を必要とするまでに、半封建的な農村社会機構を震駭せしめた」（白川清「昭和恐慌下の農村財政」『農業総合研究』第二号、一九五一年所収）。

海軍将校や茨城県の農民らが「農村救済」を掲げて起こした五・一五事件（一九三二年五月一五日）の後、殺害された犬養毅首相の後任の斎藤実首相（退役海軍大将）は、全国から殺到した農村救済請願の運動を受けて開いた第六三回議会で、

「諸君、不況困憊の難局に直面して、農山漁村及中小工業の窮状に対し、之が匡救《きょうきゅう》策を講ずることは、今期議会の使命であります」と演説する。

農村匡救事業は三カ年で国費約五億円（現在の価値で約九〇〇〇億円）に上るが、満州事変を背景に、

「『時局匡救に名を借りた軍事費』の支出を含んでおり、さらには匡救事業費中首位を占める内務省匡救予算には『軍事国道費』あるいは軍港湾費が含まれていたのであった」（前掲白川清論文）。

この年、国家歳出の三五％を占めた軍事費は翌々年四三・五％に拡大。匡救事業を圧迫し、三年で打ち切りとされる矛盾を生む。

最も優先すべき地主制の改革は避けられ、最後は「農村部落ニ於ケル固有ノ美風タル隣保共助ノ精神」で農民の奮起を促す「自力更生」運動が推し進められる。

家族に満州移民を勧め

勝雄も満州にあって、部下の岩手出身の兵士たちの声や日々の新聞を通して、東北の農村の窮状を我が身のことと憂えていた。では、「余ハ故郷ノ平和ナル一部落ノ百姓トシテ暮シ……」という日記は、戦火のさなかの一夜の郷愁、あるいは幻想に過ぎなかったのか。私には、それは満州という新天地に勝雄が見出そうとした「新しい故郷」への夢ではないか、と思われるのだ。

その日記と同じ一九三二年四月一日、勝雄は父嘉七宛に手紙を出している。

「豊年は豊年飢饉、凶年は凶年飢饉で百姓もどうにもならないでせう」

という絶望的な記述の後に、その思いはつづられる。

「次に満州ですが絶対によい処であります。心配無用、たゞし従来の営利一点張りの金儲主義はだめであります。先づ自給自足経済の観念にて着々と進むべきであります。百姓でも嫩江《のんこう》「満州北部、黒竜江省の町」の湿地はそのまゝ水田でモミをまいたきりで草も生えず秋とり入れるのみであるそうです。また馬苓《ママ》［鈴］薯も可、羊の飼育も有望、気候は悪くありません。悪いものは景色だけです。第八師団が駐屯になる様なら是非移民して下さい」

ひと月前の三月一日、関東軍は清朝最後の皇帝だった溥儀を執政に据え、満州国を独立させた。建国宣言では、

「凡そ新国家領土内に在りて居住する者は皆種族の岐視尊卑の分別なし。原有の漢族、満族、蒙族及日本、朝鮮の各族を除くの外、即ち其他の国人にして長久に居留を願う者も亦平等の待遇を享くることを得」

と、「五族協和」が謳われた。傀儡国家の建国にも、満州事変を戦った現場の軍人には安堵と楽観があったのだろう。勝雄は、東京で洋裁の修業をしていた妹たまさんに「ミシンを買ってやる」と約束していたが、同じ日記でやはり満州での開業を勧めた。

「又商売ではたま子のやってる仕立屋などよいと思います。ハルピン辺りでは着物をぬふだけでも大多忙です。何故かといふと〔内地から〕当地にくる女は一般に水商売やそんなものでハリをとることをしらず、また知ってゐてもとらぬといふ位です。

　薬屋は相当あります。チヽハルだけでも日本薬屋三軒あり、これからは平和にさへなれば日本人の薬屋のゐない処にて薬屋も有望であります。とにかく日

農村新聞

主張
貴族院の正體

照魔鏡に照し出された
魔物の正體を見よ
農民の敵、官僚、財閥
地主、辯護士、大新聞

1931（昭和6）年刊行の農民運動の機関紙『農村新聞』（勝雄の遺品）（波多江たまさん提供）

乗馬小隊と警ら中の勝雄（左上）（波多江たまさん提供）

本人のゐない処には商売がよい。集団でゆくなら農業が確実、又チ、ハル等の奥なら内地と連絡して気のきいた食料品店も［選択として］よくあります」

嘉七への満州への移民の勧めは、以後の手紙でも熱心に説かれる。

「第八師団は満州に来る様に候がいづれ官舎が出来たならばそこに入る様にして家族としては将来、渡満せられては如何に候哉。その前に家督を私に譲り官吏の家族として将来全然内職もなにもせず　或ひは集団移民と一緒に来るか。又は単独移民と一緒に長春付近にて暮すか如何に候や」（四月七日）

「錦州は仲々暑く相成候然し凌げない訳でなく出来れば家の方も移住する様にいたしたく考へ居り候……［文末の追伸］満州国承認、農村救済は議会にて決議せるも実行力がうたがはれ居り候」（六月二八日）

「満州は非常によい処と存じます。匪賊のおかげで適当に緊張して暮しよくあります。何れ将来出来るならば一家全部吉林方面へでも移住すれば甚だ結構に存じます。今に満州の農業が一番さかへる時が来るでせう」（九月二四日）

満州国は、勝雄だけではなく当時の多くの日本人の目に、建国のもう一つのスローガン「王道楽土」のごとく、昭和の初めを重く覆った困窮と閉塞から解き放たれて未来を生き直せる土地と映ったのだろうか。

後に東北などの貧しい村々を分村させてまで約三〇万人もの農民家族や若者を送り出し、悲劇的な破局と犠牲をもたらす「満州開拓移民」の国策が芽生える前夜のことだ。

「生産権奉還」に共鳴

この時期、勝雄が読んで感化された本がある。日記や手紙に記し、国家改造運動を志す青年将校の同志や親しい人々に自腹で寄贈したと思われる。

「長沢九《く》一郎《いちろう》氏著『生産権奉還』ヲヨミテ感深シ、酒肴料ヲ以テ本ヲ買ヒ各方面ニ送ラントス」（一九三二年五月七日の日記）

「農村の自覚はこの際喜ぶべきことであります。吾々は凡て自力更生で進むべく国内にては農村と在郷軍人さへしっかり手をとって奮起すれば大丈夫であります。最近この感特に深く上級者はたのむに足らぬ気がします。先日お送りした生産権奉還の書は私のチヽハルにていたゞいた御下賜の酒肴料を以て購ったものであります。最も意義ある様に使用したのであります。内容或ひはむつかしいかもしれぬのですが我々は熾烈なる皇民の情操を以て光輝と躍進の跡とを有する昭和維新に到達したいと希ふのであります」（八月二八日、岩手県の元部下への手紙）

この年に刊行された同書（先進社）の著者長沢九一郎は、社会主義から国家主義者に転向し、盟友の遠藤友四郎《ゆうしろう》と共に「尊王急進党」を結成。「昭和維新」を唱える活動家の一人として内務省警保局からマークされていた。

生産権奉還とは次のような主張だ。

明治維新は、天皇の下にすべての臣民が一体で奉仕する国体に還る時だったのに、大名の版籍奉還だけの不徹底に終わり、元勲らが欧米に幻惑されて採った資本主義が今日の財閥などの搾取と社会格差、貧困を生んだ。企業や工場、農業などすべての経済分野の生産権も天皇に奉還し、真に平等公平な皇民の道義国家を目指すべきだ――。

こうした思想に勝雄ら青年将校たちは共鳴し、その目標を阻む財閥や、癒着する政党政治を打倒し天皇親政を実現することが明治維新の完成、すなわち昭和維新の断行であると考えた。

勝雄は満州の地で三年目を迎えた一九三三（昭和八）年の元旦、「新年ニ当リ遥カニ東天ヲ拝シ昭和維新ノ断行ヲ期ス」と題した長文のメッセージを書いて謄写版で印刷し、同志たちに送った。

「鉄、石炭、交通、肥料、移民等モトヨリ国民ハ満蒙開発ニツイテ功利的思想ヲ抱イテハナラヌカ当局者トシテハ満州開発ニヨッテ現下ノ国内不況ヲ打開シ以テ国民一般ニ希望ノ光明ト元気トヲ抱カシメネハナラヌ」

「個人的栄利資本主義ヲ満州ニ奔放ニ跳梁セシメタナラハ利ヲ追ッテ止マヌ資本ノ本質上現地住民ハ其搾取ニ苦悩スルニ至ルテアラウ。コレニ反シ農業的工業的集団移民ハ日鮮満蒙ノ民族互ニ其部落ヲ形成シ自立自活而シテ協和ノ平和郷ヲナシウルモノト信スル」

勝雄にとっては、昭和維新の断行も、満州での理想郷の実現も、困窮する国民に希望の光明を灯すことも一つにつながり、そのために満州で戦っていると信じた。

それが成った時、自らは軍服を脱ぎ、貧乏暮らしの苦労を重ねた青森の両親ら家族を満州に呼んで、新しい故郷をつくり、「余ハ敢ヘテ村長タルヲ希望シナイ。自ラ人生ヲ楽シミツヽ、ソノ部落ノ自治助長、共存扶助ニツクシ且ツ文化ニ貢献スルニ力ムルノミデアル」と、戦塵のかなたに見果てぬ夢を描いたのではないか。四年後には二・二六事件の蹶起に加わることになるが、勝雄は革命家ではなかった。その感慨を深くさせられる。

大凶作に続く三陸津波

「津波・火災の襲来　死傷者行方不明者　家屋の流出焼失夥し」

一九三三（昭和八）年三月三日の『河北新報』夕刊トップの大見出しだ。その日午前二時半ごろ、岩手県釜石沖約二〇〇キロを震源とする大地震が、岩手、宮城を中心とする太平洋岸に巨大津波をもたらした。翌日の朝刊には、被災した海岸集落の悲惨な運命を詳報する記事と写真が満載された。

「正視し得ざる釜石　全町にもの凄き阿鼻叫喚！」

「漁船は木っ葉微塵」
「波に押し上げられ　路上に転がる伝馬船」
「着の身の儘さ迷ふ老若男女」
「十五浜村荒部落　殆ど全滅の悲況」……。

いまに伝承される「昭和三陸大津波」が、勝雄の属する満州の第八師団の兵士たちに伝えられたのは、発生からおよそ一カ月後。関東州の要衝、山海関での激戦に続いて、国境を越えた中国・熱河省への侵攻作戦に動員されていた。そのさなかの同月二七日には、日本は国際連盟脱退を通告する。内憂外患は極まった。

勝雄が乗馬小隊長を務めた第三十一連隊（弘前）のある兵士は、戦後、同連隊第二中隊の戦友会（アカシア会）の「中隊出身者想い出記」にこう記憶をつづった。

「中隊の幹部が『今から一カ月前の三月三日、三陸津波があったという。直ぐにみんなに知らせたかったが、戦斗中であったので、志気に影響があったらいかんと考え、今日の報告となった』という。『津波』と言えば、他人事ではない。私の家も作業小屋も、八木港〔岩手県洋野町〕の海岸近くにある。私には漁船もあり、其処には兄弟も住んでいる。常に私の念頭から『津波』のことは離したことのない重大事なので、もっと詳しい被害状況を知りたいと思った。だが、津波の詳細を知っている人は一人もいなかった」

その三七年前、一八九六（明治二九）年六月一五日には明治三陸大津波があり、三陸の住民は死者行方不明者が約二万二〇〇〇人という痛ましい体験を家族史に刻んでいた。

戦地への出征者、昭和三陸大津波など、白浜の記憶を伝えている熊谷正吾さん。2019年6月4日、大船渡市綾里

大船渡市（旧・岩手県三陸町）の津波研究家、山下文男（故人）の『昭和東北大凶作』（無明舎出版、二〇〇一年）によると、昭和の大津波があった当時、岩手から出征兵士を送り出していた家の被災戸数は四二〇戸に上り、うち三八六戸が熱河作戦に出動中の兵士の家だった。郷里の人々は大凶作に続いて、さらなる辛酸をなめた。

当時の被災地の一つ、大船渡市三陸町綾里《りょうり》（旧・綾里村）の白浜を私は訪ね、当時九歳だった熊谷正吾さん（九四歳）の体験を聴いた。明治の大津波では波高三八・二メートルを記録し、一〇〇人以上が犠牲になった場所だ。

「あの寒い夜、二度の大きな地震の後、ものすごい大砲のような音が海から響き、明治の津波を生き延びた祖父の声で家族全員、真っ暗な中を裏山の畑に逃げた」

雪が降った真っ白な朝、四二軒の集落はほとんど崩壊、流失していた。死者・行方不明者は六六人を数え、熊谷さんと同じ小学生も二三人が犠牲に。残った住民が潰れた家を起こして避難所にし、無事な布団を敷いて

昭和三陸大津波の後、集落を高台に移転した白浜のいま。東日本大震災では1人の犠牲者も出さなかった。大船渡市綾里

けが人を救援した。

壊れた部材を縄でしばったような小屋で仮住まいをし、青年団の支援などで暮らしをつなぎ、三カ月ほどして「助け合って『復興地』を造ろう」という話が出た。高台移転である。地主に交渉して土地を借り、自力更生事業の土方作業や出稼ぎで働き、山や畑を売り、国の金を借り、一軒三〇〇円（現在の価値で五〇万円余り）の建築費を懸命に蓄えた。

「自力更生という言葉を覚えている。海と山に挟まれた白浜は田んぼが乏しく、魚とワカメだけで稼げず、麦やヒエ、アワばかり食い、なければよその家から借りてしのいだ。うちは狭い田んぼもあって一〇人家族が何とか食えたが、大津波の翌年の昭和九年はまたも大凶作。コメが全く実らず、畑の大根やサツマイモくらいしか取れず、盗みも出た。支那事変（一九三七年）の前あたりから、皆で材料の木を山から運んだり、製板所に出したりして、やっと家を建てた」

満州事変はそんな集落からも男手を奪ったが、「軍隊に行けばやっと飯が食える、と聞かされた」と熊谷さん（自身は横浜の造船所に徴用後、大湊海兵団に入隊）。それから太平洋戦争まで白浜からは四〇七人が出征し、一一二人が帰らなかった。

死ぬことを当然と願う

新しい古里を満州につくる夢を、結局、勝雄は胸にしまい断念することになる。満州事変で中国軍との戦闘がひとまず止む一九三三（昭和八）年五月三一日の塘沽停戦協定まで、勝雄は多くの部下を亡くした。実家近くの観音堂に息子の無事を日々祈願していた母なみに自らも、

「戦死でもしたら喜んで赤飯でもたいて皇国のため目出度し〳〵とやって貰わなければならんと存じ候これは今後に於ても同じことにて平時戦時をとはずいつ死なれてもかくあらんことをお願ひ申し上候」

と、死ぬことを当然と願う手紙（同年六月二二日）を書き送った。古里への「後顧ノ憂」を抱きつつ逝った部下たちへの責任を、二・二六事件での蹶起の理由にさえした。

そして、最期まで軍人たれ、と勝雄を夢から引き戻したであろう新聞記事がある。父嘉七の遺品に『報知新聞』青森岩手版（一九三二年七月二日付）の切り抜きがあり、勝雄も満州で同じ記事を読んで、

「御両親の御言葉に私は満足至極に存じます」

と手紙（一九三二年七月一三日）に書いた。

「『私の子ではない　天子様のものです』対馬少尉の御両親は語る」という見出しのその記事には、

「男はたゞ一人ですが軍籍にあげれば御国のものですから自分の子供とは思ひません」

「勝雄は天子様のものですからウンと働いて呉れゝばいゝとそれのみ祈つてゐます」

という両親の談話が載っている。

しかし、嘉七は日露戦争の凄絶な従軍体験から、勝雄の陸軍幼年学校入りに反対し、なみは勝雄が満州で手を負傷した際にも眠れぬほど心配を募らせていた。この記事は、満州事変とともに戦意高揚へと舵を切った報道が、戦勝気分で盛り上げた軍国美談の一つというほかない。そんな弾みもまた、家族それぞれを後戻りのつかぬ運命に追い込んでいった。

第一萬九千九百三十號

銃後を護る聲

『私の子ではない　天子様のものです』

對馬少尉の　御両親は語る

満州出征中の勝雄の両親を取材し、軍国美談にして伝えた『報知新聞』青森岩手版の記事。1932（昭和7）年7月2日付

第五章　家族の二・二六事件

第一節　束の間の幸福に吹く嵐

豊橋教導学校の教官に

愛知県豊橋市のJR豊橋駅前から豊鉄に乗り、三つ目の駅が愛知大学前。運動部の学生の声が響くグラウンド、馬術部の馬場の前を過ぎると、松の巨木と出合う。根は大蛇のとぐろのように渦巻き、幹は二股に分かれ、背後の体育館の屋根をはるかに超えて枝を伸ばす。一九二七（昭和二）年、この地に開校した陸軍豊橋教導学校を行幸した昭和天皇の記念植樹の松と、遺構である旧大講堂だ。いまはベージュと茶に塗られた建物の入り口は、大きく武骨で頑丈そうな格子の扉を持ち、若者たちのキャンパスの風景にどこか異質な時代感をもってたたずむ。

この土地の由来は屈曲し、もともと日露戦争の後に創立された第十五師団の衛戍地だった。国際協調と軍縮、国家財政緊縮の時代だった一九二五（大正一四）年、宇垣一成陸軍大臣による第三次の軍備整理によって師団は廃止となり、その広大な跡地を活用して、下士官の教育機関となる教導学校が二七年、仙台、熊本とともに豊橋に置かれた。

勝雄が出征先の満州から下関港に帰還したのは一九三四（昭和九）年三月二二日だった。所属する第三十一連隊（弘前）など第八師団混成旅団の山砲小隊長、乗馬小隊長となって約二年四カ

大学の体育館となって残る豊橋教導学校の旧大講堂。豊橋市

月、熱河作戦などの激しい戦場を巡った。中国との国境警備の任務地、古北口で豊橋教導学校配属を命じられ、第八師団の将兵六〇〇人の晴れやかな弘前凱旋より三カ月余り早い単身での帰国だった。勝雄はこの年一一月、満州事変での論功行賞として金鵄勲章（功五級）を授与されるが、「凱旋」という言葉が好きではなかった。

「出征は再び生還せざることを普通とし、凱旋といふのは贅沢なことであります。故に私は家から『最後まで御奉公する様に』といふ手紙を受けとるのは真に有難く思ふのであります。特に病気で死なぬ様にといふ注意は最も嬉しく思はれます。何せよ私共の戦友部下は随分戦死、歿してゐます」

「私共万一凱旋となるとしたら、自らはむしろ喜びより悲しみが多いと思ひます。何故ならば共に生死を誓うた部下のうちの戦死者の霊を戦場に留めて独り帰るのでありますから」（同年一月二

一日、母なみへの手紙より）

事実、勝雄は戦死した部下らの分骨の小袋を肌身に付けて帰国し、できるだけ祝いの席にも座らなかった。しかし、教導学校の教官に抜擢されたことは、戦場での武勲と技量のみならず、篤い信念を含めて下士候補生たちの手本となるべき人間性を評価された証と言えた。

維新運動への迸る情熱

「鬼の天伯、地獄の高師、流す涙は梅田川」

豊橋教導学校の卒業生の手記などに、この言葉が多くある。天伯原《てんぱくはら》、高師原《たかしばら》は教導学校の敷地の南に連なる広大な原野の陸軍演習場（境を流れるのが梅田川）で、大陸での作戦も想定した激しい演習が行われた。勝雄が教官だった時期に接する一九三六（昭和一一）年度の記念誌などによると、学科は国語、物理、化学などの普通学（教養科目）と軍事学（軍事技術科目）の講義があり、さらに演習では歩兵科、砲兵科、騎兵科の生徒たちが戦闘教練、騎砲連合演習、渡河訓練、対空射撃訓練、浜名湖周辺に宿営する二泊行軍などに明け暮れた。

全国の連隊などから抜擢された一〇〇〇人余りの生徒は、将来の現場指揮官を嘱望される者として一層厳しく遇され、成績が進級序列にもつながるため、しのぎを削って勉強したという。

「校内は総て駆足で行動する決めになっていた。若し普通に歩いているのが見つかると、忽ち一喝されて出発点に戻され、改めて駆足をさせられる［中略］何が何でも優秀な下士官に仕立てあげるのが学校教育の目的であるから、躾けも、訓練も、勉強も厳しい。剣術、体操も盛んにや

豊橋教導学校の大講堂での訓話（1936（昭和11）年の在校記念アルバム）

豊橋教導学校の演習風景（1936（昭和11）年の在校記念アルバム）

る［中略］馬匹についても兵員と共に行動するのであるから、その知識を持たねばならぬ。とにかく学生は忙しい、もたもたすることは許されない」（豊橋陸軍教導学校、豊橋（第一）陸軍豫備士官学校同窓生「戦中回想証言集」『鍛腕練胆賦――高師ノ野辺の霜柱、天伯ヶ原ノ草いきれ』高士會・編著、二〇〇一年）

校長は林茂清少将（在任は一九三二（昭和七）年九月～三五年三月）。勝雄の同僚であり「昭和維新」運動の同志だった井上辰雄中尉が戦後、二・二六事件と豊橋教導学校の関わりについて作家松本清張の問い合わせに答えた書簡（手記）（松本清張『昭和史発掘』文春文庫所収）に、当時の豊橋教導学校の内情をこう記している。

「校長林茂清は無天組ではあるが、なかなか政治力のある人（教育総監部畑）で、自分の陸士生徒隊隊長時代の教え子をどんどん引っ張ってきたので、豊橋には相当人材が集まった。

対馬、竹嶋《ママ》［竹島継夫中尉］は校長を相手に、あるいは自分らの中隊長石井少佐を相手に相当突っ込んだ維新運動に関連する意見を申出ていたが、林、石井の人物がよく、青年将校を指導し、軽挙を戒めていた」（無天組とは、陸軍大学の卒業者に楕円形の徽章が授与され、形が似た『天保銭』がエリートの異名となった。無天組はたたき上げの将官を指した）

「吉田松陰は此んな型の人では」

書簡は、この時期の勝雄の興味深い人物評にも触れている。

「対馬中尉の公私に於ける全力投球の活動即ち隊務に対する熱心と維新運動に於ける活動、然して人間的親しみは正に我等の尊信しつつ来った、吉田松陰は此んな型の人ではなかったろうかと感じた」

勝雄は、豊橋教導学校の向かいにあった正文堂書店に下宿しながら、「明治維新ニ於ケル改革ノ過程ヲ相当深刻ニ研究シ［中略］何時ニテモ昭和維新ノ為ニ立タントノ決心ヲ益々強メマシタ」（二・二六事件後の『憲兵訊問調書』）という。

満州出征中、郷里青森など東北の大凶作に心を痛めた勝雄が、深く感銘を受け、御下賜の酒肴料をはたいて友人知人らに送ったという本を前述した。尊王・復古主義の運動家だった長沢九一郎の『生産権奉還』だ。「明治維新の不徹底なる因が、現今の搾取制経済を結果ならしめた」と主張し、大名から天皇への「版籍奉還」のみならず、万民のための道義的国家経済を実現させる「生産権奉還」も断行されるべきだ——とする。富国強兵のため資本主義を増長させた明治政府以来の財閥支配の政治を昭和維新によって廃し、全大権を天皇に還すべし、と説いた。

いまの常識に照らせば荒唐無稽の論と映る。が、このような考えは当時、全国の青年将校の一般的世論でもあった——という、やはり埼玉の赤貧の村を郷里として二・二六事件の蹶起に加わった歩兵第三連隊の元少尉、麦屋清済（故人）の手記が『二・二六事件と郷土兵』（埼玉県県史編さん室刊、一九八一年）にある。

「これでは日本は滅亡する、一刻も早く国民生活の安定化をはかることが急務だ。［中略］これを早急にしかも円滑に処理するには国体真姿の顕現であり、大御心による政治以外にはその打開策はない。即ち天皇に政治大権、軍制大権、経済大権等枢要の大権を奉還して住みよい国造りをすることである〔中略〕明治維新は日本の血の中から生まれた。昭和維新も正にそれと同じである」

昭和維新を掲げた青年将校らは、「民のかまどから立ち上る煙を見てまつりごとをした」との仁徳天皇の伝承を引いて「親政」を理想とし、元老や重臣、議会、財閥などの政治勢力を「奸族」「妖雲」「幕府」などと呼んだ。自らを尊王の志士になぞらえたことは確かだ。その行動目標がどこにあったのか、勝雄は事件後の憲兵訊問調書にこう述べている。

「大御心ヲ煩ハシタ事ハ悪イト思ヒマスカ平素ノ知ラス〳〵大御心ヲ煩ハス奸賊共ノ処置ヨリモ寧ロ程度カ低イモノト思ヒマス一時妖雲ヲ払ヒ奉ルコトテアルカラ止ムヲ得スト思ヒマス」

軍人の娘、千代子と結婚

一九三四（昭和九）年の秋、勝雄にはもう一つの人生の選択が舞い降りた。結婚話である。妹たまさんは『記憶のノート』にこう記した。

「連隊長より結婚話がもたらされ、非常に困った兄は、先方に自分のあらゆる欠点を書き連ねて、届けたと云いました。兄はまだ、結婚の事は考えていない様でしたが、先方のご両親はすっかり兄にほれこんでしまったようで、巻紙を読んで、それでもと益々気に入った様でした」

たまさんはこのころ、東京・築地に下宿して銀座の洋裁店に勤めており、同じく東京で働いていた姉タケと共に、この知らせにびっくりしたという。

「兄は、三〇歳までは家庭を持たないと約束していたのです。それに我が家〔青森の実家〕はまだ貧しさからぬけ切らない時でしたので、私は姉と相談して反対の手紙を出しました〔中略〕只時期が早いとの反対でしたが、兄は非常に不愉快だと気分を悪くして返事をよこしました。私は母が困るだろうと思ったのです」

それでも、結婚はとんとん拍子で決まった。相手は、豊橋から近い静岡市の陸軍退役少佐、松永正義の長女で、高等女学校出の千代子、二二歳。一一月一八日、勝雄は静岡の家に招かれて見合いをした。

松永元少佐は婿養子だったが、父方は京都・本願寺の御用人、母方は清浦奎吾（元首相、伯爵）と青雲の志を共にした旧熊本藩士の家で、小作農家の次男を父に持つ勝雄とは家柄が違っていた。が、勝雄は臆せず、「嫁に来てくれるならば、絶対服従、束縛なきこと、物質的欠乏に耐えられることが条件です」と千代子に伝えた。「差し支えありません」という返事をもらい、その夜、「もらうことにしようと決意した」と父嘉七に手紙を書いた。松永も、勝雄にすべてを委ね、青森の両親の返事を待つ旨を豊橋に書き送った。

1936～37年ごろ、銀座の洋裁店で注文品のドレスを仕立てるたまさん（波多江たまさん提供）

結婚式の日の勝雄と千代子（波多江たまさん提供）

「小柄にして頑健と云ふにあらざるも生来疾患なし。［親の］方針として女大学式に躾たれば進取の気性に乏しけれども温順にして、主人の命には絶対服従の美点あるものと信ず」

こんな松永の手紙の千代子は、軍人の妻となるべく育てられた女性だった。勝雄の婚姻願に、時の陸軍教育総監・真崎甚三郎の許可が下りたのは一二月六日。静岡での結婚式は、青森から招かれた両親が「花嫁は洋髪で食事は西洋料理だった」と驚くような華やかな宴で、勝雄が千代子と豊橋市前田町に新居を構え、挨拶状を出したのは、その年の暮れだった。

二・二六事件まで、それから一年三カ月足らず。「蹶起将校の妻」となる運命を、千代子は知る由もない。勝雄もまた昭和維新の運動を妻に語ることはなかった。矛盾した無責任な態度と言えただろうか。しかし勝雄は冷徹な革命家ではなく、家族や郷里の同胞、戦場の部下や同志、虐げられる人々へ等しく惜しみない「愛情」を注ぐ人だった。吉田松陰に譬えられたことが、その悲劇を語っている。

陸軍大学校受験に意欲

この時期の勝雄の手紙には、それまでになく充実した日々のことや夢が語られている。一九三四（昭和九）年一一月一六日まで四日間、北関東での大演習に生徒たちと参加。観閲した昭和天皇の馬前を堂々と分列行進した様が賞賛され、勝雄の写真も報知新聞に載ったという。

「学校の方は二十二日卒業式にて十二月一日、次の学生入校致すべく候。仲々《ママ》休む暇もなく様子にて御座候」（父嘉七への手紙）と、縁談も心にあってか、微笑ましい高揚感が伝わる。

同二六日の父への手紙では、千代子について「将来御両親に孝養の道を尽し得るものと確認仕候」と褒め、さらに、自らの陸軍大学校受験の志望に触れる。

「入校の件は小官必通を期しあり、但し時に天運あるを以て敢て焦慮するに及ばずと存じ居り候。入校は目下の処、最上の孝行なりと心得居候へば御安心下されたく候」と、両親への孝恩の思いをにじませた。

陸大に入れば、若くして大佐、少将、中央の高級課員への昇進、師団長、大将への出世の道も開けた。貧しい家から陸軍幼年学校、士官学校まで出してくれた両親への、これ以上の恩返しはなかった。勝雄は満州にいた一九三二年一〇月、中尉に昇進したが、その評価は選考候補者二四八名中の二一位という優秀さであったという。陸大受験は個人の意思では叶わず、連隊長など所属長の推薦が必須であり、勝雄に縁談を勧めた上官らの信頼の後押しをここでも得ていた。

「本日電報にて中上げし如く初審合格致し候　これ偏《ひとえ》に父母上の御鞭撻の賜物と取居候　尚十二月再審もあり、それまでは決定したるわけにあらねば一層努力仕るべく候」

勝雄は翌一九三五（昭和一〇）年八月八日、陸大入試の初審（一次試験）を見事に通り、真っ先に青森の両親に電報とはがきで知らせた。再審（二次）は一二月上旬とされ、その準備のため、豊橋教導学校の上官の計らいで前月二二日に上京。そのころ妹たちが一緒に暮らす四谷篁笥町の下宿に居候を始めた。同日の父へのはがきには「元気旺盛、全力を傾倒して最善を期し、余は天命に委する所存」としたため、合格への自信をにじませた。上の妹タケは光線療法の治療室を開き、たまさんは変わらず銀座の洋裁店に通い、それでも生活は苦しかった。

夜遅く仕事から帰るたまさんを、勝雄は毎晩、受験の本を片手に二階部屋から下りて迎え、火鉢の火をかき起こし、お茶を入れて仕事場の話を聴いたり、「お腹がすいたね」と近所の支那そば屋に誘ったりした。その優しさは、「昔の兄と少しも変わっていませんでした」と、たまさんは『記憶のノート』に記した。そんな勝雄が、もう一つの顔を見せた時があった。

「表の道路を酔っ払った一人の将校がマントと剣を引きずり、がちゃ〳〵と音を立てて歩いていました。本を片手にぢーっと聞いていた兄は、恥ずかしそうに『あんな軍人がいるので困るんだ。日本の将来はどうなるのだろう』と云って危機感におそわれたように、顔をくもらせました」

「次の日、兄は一通の封筒と、道筋を裏に描いた名刺を姉に渡し、『これは大事な手紙だから必ず村中さんに渡すんだよ』と云って使いに出しました。

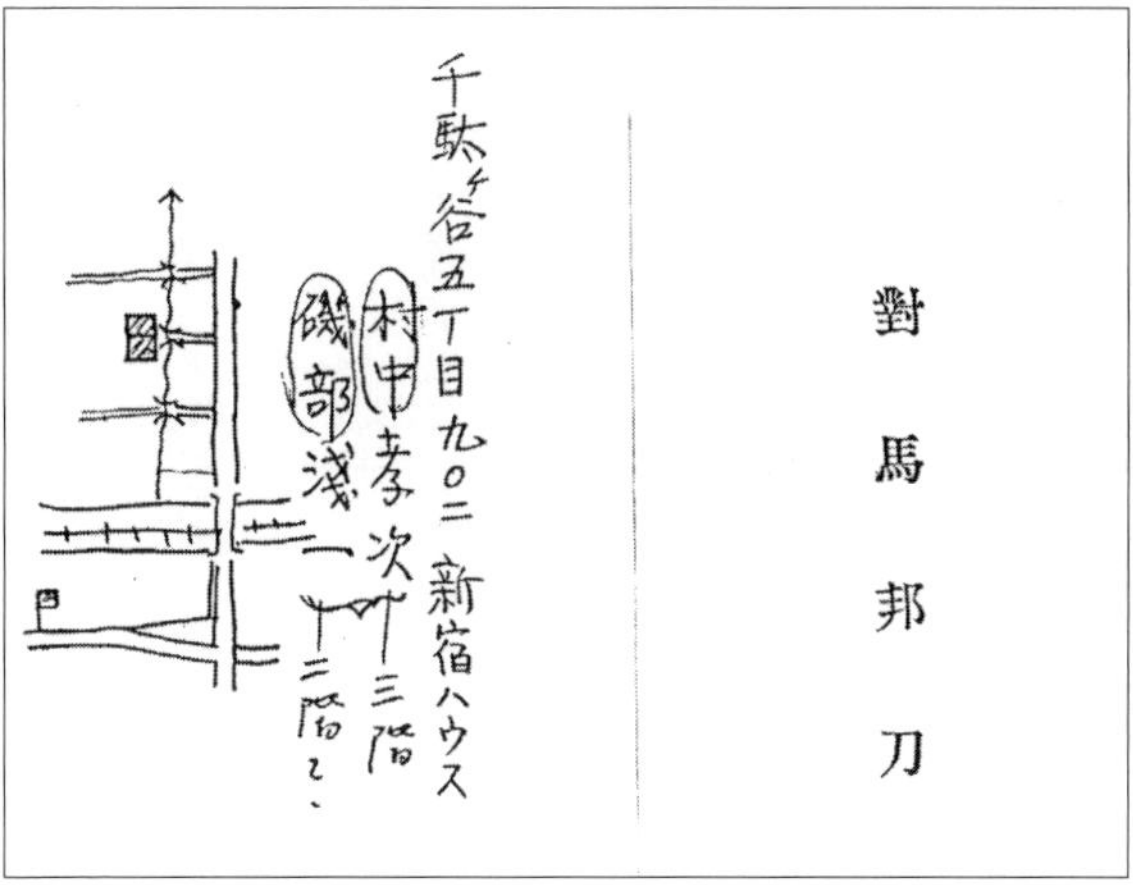

勝雄が妹タケに封筒とともに渡した名刺。同志への届け先がメモされている（波多江たまさん提供）

姉は帰宅すると、私にそっと告げました。『アパートらしい所の扉をノックすると、開いた扉の隙間から見えたの、何人か集まっていたのよ』。私たちは気にもとめませんでした」

「對馬邦刀」（勝雄の号）の名刺の裏には、「千駄ヶ谷五丁目九〇二　新宿ハウス」「村中孝次　三階　磯部浅一　二階？」というメモと、手書きの略図があった。

相沢事件と予期せぬ不合格

陸大受験再審の日の朝、勝雄は軍服姿を前後左右から姿見に写していたという。

「随分おしゃれだと思いました。すると兄は『之は軍人の身嗜みで、人の上に立つ者は服装にも気を付けるんだ。糸屑一本、ついて居てもいけないんだよ』と云いました［中略］靴も自分で丁寧に磨いて元気に出掛け、帰宅後はかなり満足気でした。試験がよく出来たのだと思います」

と、たまさんは記した。上官も同僚も「君なら落ちることはないから、いまから（東京へ引っ越しの）荷造りをした方がいい」と言ってくれたそうだ、と松永家からは大騒ぎの様子が伝わった。

ところが、合否発表の一二月二二日、勝雄は予想外の不合格を知らされる。たまさんは、「相沢中佐の事件で出された嘆願書の中に、兄の名前もあって、結果的には名を連ねていた為」と聞いた。この事件は、同年八月一二日、やはり「昭和維新」に傾倒する相沢三郎陸軍中佐が、陸軍省軍務局長の永田鉄山少将を白昼、執務室で襲い斬殺した。永田少将は、「皇道派」と称された青年将校たちの運動と対立する陸軍主流の「統制派」の首魁と目されていた。

青年将校の中心人物、村中孝次元陸軍大尉、磯部浅一元一等主計は、統制派による捏造事件とされる反乱容疑で逮捕され、反撃として軍の内情を告発した「粛軍に関する意見書」を頒布し、同じ八月に免官された。相沢中佐を擁護する公判闘争を「新宿ハウス」を根城に同志たちと展開しており、陸大受験で上京した勝雄が二人に接触したのも、給料から捻出した支援金の受け渡しであった。「毎度御送金感謝仕り候」という同志の一人、香田清貞大尉からの礼状のはがきも勝雄の遺品にある。

嵐は近づいていた。勝雄の人生で束の間であった幸福の時は、一九三五（昭和一〇）年とともに暮れようとしている。

第二節　蹶起　されど我が兵はおらず

新教育総監への反発

一九三六（昭和一一）年が明けた。「昭和維新」を叫ぶ青年将校らは相沢三郎中佐事件の公判闘争、天皇機関説問題をめぐって活動を激化させていた。

「謹賀新年　年頭所感　大君に仇なす仇はますらをが　国の内外を問はずうちなむ　大君の仇をうたずに迎えたる　年の初めぞ　心苦しき」

士官候補生が集う豊橋教導学校の教官、歩兵学生隊第一中隊の区隊長として三年目の一九三六年正月を迎えた勝雄の賀状だ。悶々と苦しむような、思案すれど動けぬ身のもどかしさを語る文面。勝雄は易を独学し、「邦刀」という号を選び、「筮竹《ぜいちく》をひねって運勢を見てくれた」という前述の井上辰雄の回想がある。だが、自らの行く手を占うことはできず、懊悩のさなかにいた。

勝雄は前年一二月一四日、青年将校らから最大の理解者、昭和維新運動の庇護者と仰がれた陸軍「皇道派」の真崎甚三郎大将邸に参上した。『真崎甚三郎日記』（山川出版社、一九八一年）は伝える。

「十一時対馬中尉来訪、大学受験ノ為上京シ失敗セリト云フ。彼ハ機関説問題ノ成行ニ就テ聞カント欲シテ来レリト云フ〔中略〕彼ハ原隊ニ復帰ヲ願出デタリト云フ。其ノ理由ハ斯ル教育総監ノ下ニ勤務スルヲ得ズト云フニアリ」

陸軍大学校受験の不合格には、青年将校らが敵対視した陸軍主流「統制派」の永田鉄山軍務局長を同年八月、同志の相沢三郎中佐が斬殺した事件で、嘆願書や公判闘争支援に関わる勝雄への当局の思惑が働いたともっぱら語られた。真崎は教導学校など陸軍の教育を統括する陸軍教育総監（大臣、参謀総長と「三長官」とされた最高位）の地位にあったが、同年七月、やはり陸軍省内の皇道派排除の政争に敗れ更迭された。

後任の教育総監は陸軍きっての理論家で「軍紀振粛」を掲げた渡辺錠太郎大将。「軍の楨幹たる将校にして聖諭〔軍人勅諭〕に背き法令を無視し公然政治を談じ国政の改革を論じて憚らず　或は党派を作り横断的連携を為して上長の命令に服従せず」（『検察秘録　二・二六事件Ⅳ』所収の「意見書」）

との現状を憂慮し、軍統率へ決意を燃やした。勝雄の「原隊〔弘前の第三十一連隊〕復帰ヲ願出デタリ」の言葉は、後進の教育に情熱を傾けた教導学校を辞することを意味した。「新総監の下では働けない」という激しい感情を吐露して。何があったのか。

相沢中佐の公判支援に昭和維新運動を結集しようと、中心にいた西田税（国家主義者・北一輝の同志）、村中孝次元陸軍大尉らは機関紙『大眼目』を発行し、一九三六年一月一七日の第三号増刊に渡辺教育総監への公開状を掲げた。問題にしたのは前年一〇月三日、名古屋第三師団の将官将校との懇談の場での天皇機関説をめぐる次のような発言。「由々敷き不敬の罪責」と難じた。

渡辺錠太郎・新教育総監が訪れ、検閲を行った日の豊橋教導学校。
1935（昭和10）年10月

「機関説問題は数十年来の難問題で到底解決するものではない。機関と云ふ言葉が悪いと云ふ世論であるが、自分は悪いと断定する必要はないと思ふ。御勅諭の中に『朕を頭首と仰き』と仰せられてゐる。頭首とは有機体たる人間の一機関である。天皇を機関と仰ぎ奉ると思へば何の不都合もないではないか。機関説排撃、国体明徴と余り騒ぎ廻ること、殊に軍人が騒ぐのはいけない」

第三師団長の下元熊弥中将自身が皇道派であり、敢然とした新教育総監の戒めの訓示は衝撃をもって各地の青年将校らに伝わった。渡辺大将はやがて二・二六事件での襲撃目標に挙げられる。時を同じく新教育総監の来訪・検閲を迎えた豊橋教導学校でも、勝雄の理解者であり陸軍大学校の受験を後押ししてくれた林校長、石井中隊長が異動で去り、校内の空気は急変した。

一変した学校での境遇

真崎大将邸訪問後の一九三五（昭和一〇）年暮れ、勝雄は青森に単身里帰りし、その折、原隊であった第三十一連隊のある弘前に足を延ばした。この時の行動を、地元の作家・赤石宏（故人）が調べ、著書『ほらふき自叙伝』（北方新社、二〇〇〇年）に記した。

それによれば、勝雄は同連隊に第三大隊長として赴任していた秩父宮の御仮邸門前に立ち、拝謁して新年の祝詞を伝えたいと派出所で告げた。青年将校らに共感を寄せたとされる秩父宮は皇室行事のため帰京し、直訴とも思える勝雄の行動は不発に終わった。派出所には後の劇作家寺山修司の父、寺山八郎巡査が勤務していた。

勝雄の名は東京憲兵隊の「要注意将校」にリストアップされて、郷里の警察にも知られ、実家には特高の刑事が立ち寄っていた。この行動も筒抜けであったろう。正月を過ごした実家の両親には「教導学校から三十一連隊に転勤になるようで、大尉に昇進するだろう」と語った、と妹たまさんの『記憶のノート』は伝える。

勝雄は満州から帰還以来、亡き部下らの分骨の袋を肌身離さず携え、母なみは不吉なものを感じたか、「縁起が悪い」と仏壇に置かせた。だが、また分骨の袋を身に着けて豊橋に帰った。常に亡き部下らと共にあった勝雄は、その半身を既に彼岸に置いていたようにも映る。償い、報いる残生の道が「昭和維新」であるかのように。

勝雄がその後、二・二六事件まで短い間に豊橋から実家の父嘉七に送った手紙を追ってみる。

「新聞に渡辺総監　テキヤに狙われし由ご承知の事と存じ候　真相は先日『大眼目』にてご承知のこと、奉存候　某大将は総監を面罵せる由に候　私共も斯くの如き不忠なる総監の許には勤る気せず、とにかく此処（豊橋教導学校）を出る考えに候」（一九三六年一月二六日）（同年一月二四日、渡辺総監を八人のテキ屋が襲おうとし逮捕された事件が起きた）

「私は恐らく三月異動すべくまだ何れの方面なるや分らぬ状態に候　尤も教育総監との信念の相違を［豊橋教導学校の校長、中隊長らに］主張せしため万が一には何等か処分せらるゝこともとも覚悟いたし居候間　お諒承願上候」（二月一〇日）

「私の処分の方は重謹慎十日と相成候［処分は二月一二日］　理由は総監に穏当を欠く書信を出したるに由ると言ふことにて候　何故穏当を欠くや反問し服罰せずと考えしも益々紛糾すべきをにて一応これを受け申し候　尚隊長の意向にてか［次の］陸軍大学受験を取り消されし由に候［中略］当校校長及隊長は相手にせぬ考へに御座候」（二月一五日）

勝雄の同僚、井上辰雄中尉が戦後、松本清張氏に宛てた書簡（手記）に、対馬中尉を介して昭和維新運動関係の文書や『大眼目』が校内で逸早く配布され、「維新運動に対する関心は異常な速度で此の学校を啓蒙して行った」とある。だが、勝雄は校長らと対立し、信念を抑えられて処罰を科され、嘱望された陸軍大学校への門も閉ざされた。

磯部から「決行」の報

勝雄は一九三六年二月一九日夕方、東京から来豊した磯部浅一の訪問を受ける。二・二六事件後、陸軍衛戍刑務所に設けられた軍事法廷での陳述（『検察秘録　二・二六事件Ⅳ』）によれば、勝雄は、自宅を訪れて一泊した磯部から、在京の同志たちによる重大な決定を明かされた。

「東京デハ愈《いよいよ》重臣等ヲヤッツケルコト［ニ］ナッタ。其ノ目標ハ岡田、高橋、齋藤、鈴木、牧野等デアルコトヲ話シ、興津ノ西園寺公ハ君等ノ手デ出来ルカト相談ガアリマシタ」

磯部、村中孝次ら同志の暗殺目標は、昭和天皇重臣の岡田啓介首相、高橋是清蔵相、斎藤実内相、鈴木貫太郎侍従長、牧野伸顕前内相、青年将校らの憎悪の的だった渡辺錠太郎教育総監。そして、西園寺公望。公爵、元首相で明治以来政治の中枢に座し、最後の元老として昭和天皇を輔弼しており、政変のたび内閣首班の天皇への奏請者として重きをなしていた。

一年の大半を閑静な静岡県興津《おきつ》（現・静岡市清水区）の別邸「坐漁荘」で過ごし、政官財界の要人は競って「興津詣で」をした。青年将校らは、統帥権干犯と指弾するロンドン海軍軍縮条約締結に力のあった海軍出身の斎藤、岡田を、西園寺が首相に推した責任を重大視した（村中の公判陳述）。

相沢中佐の公判闘争に精力を傾けてきた東京の同志たちは、二月一二日の第二回公判が裁判長から「軍事上の利益を害する惧れ」ありと公開禁止を宣言され、次も非公開とされて、『大眼目』などを通じ全国に「昭和維新」の機運を盛り上げる宣伝戦の場を奪われた。対立する陸軍省の統制派から「干殺し」のごとき締め付けをされての方向転換と言えた。さらに、勝雄の士官学校同期で、部隊ぐるみの蹶起を主張した栗原安秀中尉ら、同志の多くが属する東京の第一師団が三月に満州へ派遣されることも伝わり、「第一師団の渡満前に主として在京同志に依って急に事

勝雄らが襲撃を企てた西園寺公望の別邸「坐漁荘」。愛知県犬山市の明治村

を挙げなければならぬ」（村中の公判陳述）事情も生じた。

坐漁荘は愛知県犬山市の「明治村」に移築、保存されており、私も取材で訪ねた。木造二階建ての風雅な数寄屋造りに公家であった主の面影が感じられ、政治の用向きに使われたであろうモダンな洋間もある。美観の陰には、警護詰め所、侵入者の音を鳴らす砂利や鶯《うぐいす》張りの廊下、物見の窓、部屋ごとの呼び鈴、風呂場の脱出用戸口、緊急避難場所となる鉄筋コンクリート造りの書庫などが配され、当時第一級のセキュリティー設備が隠されていた。

勝雄に西園寺暗殺が託されたのは、豊橋から近い興津の地理条件があった。勝雄は三五年夏に静岡に行った際、蹶起の計画とは関係なく坐漁荘を偵察していたと、事件後の公判で陳述した。

磯部に対し勝雄は

豊橋教導学校の区隊長として教え子に囲まれた勝雄（前列左から４人目）
（波多江たまさん提供）

「興津坐漁荘襲撃ノ実行方法ニ付テハ相当考ヘナケレバナラヌ点モアルト思ヒマシタガ、磯部ニ対シ、自分ハ参加スル、自分ノ区隊ノ兵丈ヲ連レテ行ッテデモヤル」

と、豊橋教導学校の教え子を率いての参加を決然と約し、その迷いのなさには

「私ノ区隊ニハ下士官以下約四十名居リマスガ、之ニハ平素国内干［関］係トカ国際干［関］係トカニ付昭和維新ノ必要ヲ説明シ、啓蒙的教育ヲシテ居リマシタ」（公判陳述）

と、手塩に掛けた教育者の強い自負があった。

妻と我が子と、永遠の別離

勝雄の以後の行動を、公判陳述などから再現してみる。まず二月二〇日夜、名古屋に第六連隊の同志、鈴木五郎一等主計宅を訪問。磯部が別途、豊橋組蹶起の軍資金支援を鈴木に頼んでおり、来豊した磯部の話を伝えながら、二〇〇、

三〇〇円（現在の価値で約三〇～五〇万円）を持参してほしいと依頼した。

教導学校の同僚たちに蹶起の決意を問うたのは翌二二日夕。一番親しい竹島継夫《つぎお》中尉（陸軍士官学校で一期上）の下宿に行って磯部の話を告げ、

「同人ハヨシ夫レナラバ三十年ヲ一擲シテ蹶起シヨウト堅イ決心ヲ示シテ呉レタリ」

その後、竹島と井上辰雄中尉、塩田淑夫中尉が勝雄宅に集った。

井上中尉の前述の書簡（手記・『二二日夜』と記す）は、四人の間で次のような密議があったと明かす。

「かくしてただちに会議が始まった。

一、夏にとった坐漁荘の見取図を拡げて、之が襲撃方法、それは赤穂義士のそれと同じだ。唯、老公を消すことには結論が出なかったように記憶する。

二、要は興津迄に至る方法。①自動車（トラック）を高師原の練兵場に集合…午後八時鈴木主計［待ち合わせ］連絡　②部隊　教導学校――歩兵学生隊第一中隊夜間演習より移行。午前四時迄に興津。東京午前五時と呼応して五時突入。③襲撃後、一路東上［東京の蹶起に合流］。

三島では或は妨害があるかも知れぬ、箱根で切腹も覚悟せねばならぬ」

勝雄は同僚三人の決意は自分と同じだと信じた。翌二二日朝に出勤後すぐ、残る同僚の板垣徹中尉を週番士官室に来てもらい、蹶起への意思を聞いた。しかし、板垣は態度を明確にせず、勝雄も確答を求めず、考慮を求めるに止めて、

「大体自分等ト行動ヲ供ニスルモノト自分ハ観察シタリ」

二二日の勝雄はその後、この件で誰とも話していない。同僚たちにも語ることのなかった、もう一つの悩みを抱えていたからだ。妻千代子の病気である。

この年一月一六日に長男好彦を無事に出産していたが、それ以前から、重いつわりもあり、床に就くことが多くなった。たまさんの『記憶のノート』によれば、勝雄が演習などで家を空けることも多く、東京で光線療法を仕事にする姉タケや、静岡の実家にいる千代子の妹富士子が世話をしにいった。勝雄はお金に窮する部下を助けたり、東京の同志への支援金を送ったりして、家に持ち帰る給料も少なく、謹厳実直な陸軍少佐の家の箱入り娘だった千代子を戸惑わせ困らせた。その心労も募ったろうか。

磯部が来豊する前の一八日には、義父松永正義に手紙で妻の様子を

「病勢一進一退、二月十一日以来の体温を通観するに概ね三十九度より四十度を超ゆる状況に御座候」

と報じた。二一日の追伸では勝雄夫婦の金銭上の気遣いもする義父母に恐縮しつつ、

「是非近日中に出発致させ度存念に御座候」

と実家に帰して静養させる考えを伝えた。三月には勝雄の実家に近い弘前の第三十一連隊に原隊復帰となる見通しを踏まえ、静岡に比しての郷里の寒さを心配し、

「四、五月東北の桜の時候頃までお願申度考へ居り候　本件は青森の父にも諒解を求めつゝあり」

と相談を書き送った。既に磯部から蹶起の決行決定を告げられていた勝雄の心の葛藤は、いか

ばかりのものであったか。
公判調書の二月二三日の項で勝雄は
「二十二日夜、妻ノ病気ヲ心配シテ静岡ノ妻ノ両親ガ来テ、翌二十三日午前十一時頃、妻ハ一月生レノ子供ヲ連レテ静岡ニ帰リタリ」
と述べ、さらに
「二十三日午後、栗原ガ来ルコトニナリ居レリ」

妻千代子（右から2人目）の実家、静岡の松永家の人々と勝雄（右端）（波多江たまさん提供）

と続ける。来豊した栗原中尉は夕方、旅館の一室で勝雄と竹島、鈴木に「決行ハ確定ノ事、即二月二十六日午前五時。合言葉尊王討奸」と伝え、東京の蹶起計画を地図で説明し、興津襲撃用のトランク二つ分の小銃実包二〇〇〇発を持参した。勝雄は豊橋側の襲撃案を伝え、
「下士官以下ヲ同行スルコトナドヲ話ス」
もう後戻りはできなくなった。

二つの出来事は勝雄の千代子への思いを否応なく引き裂き、この日を永遠の別離とした。遺品に、その痛みのこもる一首があった。

豊橋の駅の別れの名残にと　吾子をのぞけば眠り居にけり

挫折した生徒動員の計画

一時間ほどの密議の後、四人は竹島中尉の下宿に実包のトランクを運んで軍用行李に隠し、鈴木主計に決行に必要なトラック六、七台の手配を依頼した。そのまま散会して勝雄は竹島と飲み、井上中尉が夜の週番勤務だった教導学校に行って板垣中尉も呼び出し、決定内容を知らせた。

公判陳述で勝雄は、これより週番士官室で起きたことを

「自分ハ酔ッテイタノデ記憶セズ」

とのみ語った。そんなはずはなかった。事件後の公判での板垣の陳述では、同夜九時半過ぎに現れた勝雄を、板垣の目は

「和服ニテ酔態アリ」

と冷静に映し、密議に同席した同僚たちのような熱を帯びてはいなかった。井上は前述の手記で当時の板垣を

「胆《きも》の人で、維新の同志として対馬氏と相許したが、感情に動く人ではなく、あくまで相沢精神での革新で常に対馬氏の暴走を押えつつ漸進的粛軍維新を考える人で、人にも働き掛ける事は

なかった」と評している。

「対馬ハ、日ガ決マッタ、二十六日ニ定ツタ。貴様ノ考ヘドウカト云フタノデ、私ハ同意デキヌコトヲ述ベテ反対シタ」と、板垣は公判で明かした。

「中デ対馬ハ、ヨシ貴様ノ考ヘハ分ツタト云ヒタリ。貴様ト己トハ考ヘガ本質的ニ違フノダカラ、貴様ハ参加セヌデモヨイカラコウシテ来〔呉〕レ、二十五日夜、我々竹島、井上ノ三区隊ハ夜間演習ト称シ〔高師原〕藤並ヨリ自動車デ行ク。時間ハ午后八時カ九時頃出発スルト云ヒタリ」

続く言葉の応酬は生々しい。

勝雄「貴様ハ後ニ残リ後ノコトヲヤッテ呉レ」

板垣「私ハ自分ノ参加不参〔加〕デナク、貴様等ノ行動ガ不可ナリト云フノダカライカヌ」

勝雄と行動を共にし、東京の蹶起に参加した同僚の竹島継夫中尉（波多江たまさん提供）

勝雄「貴様ニ今反対セラレルト俺ハ困ル、生キテ居レヌ」

板垣「貴様ヲ売ル〔通報する〕様ナコトヲセヌカラ安神〔心〕セヨ」

板垣中尉は翌二四日にも勝雄を翻意させようと探し、二度電話を掛け、竹島中尉宅に

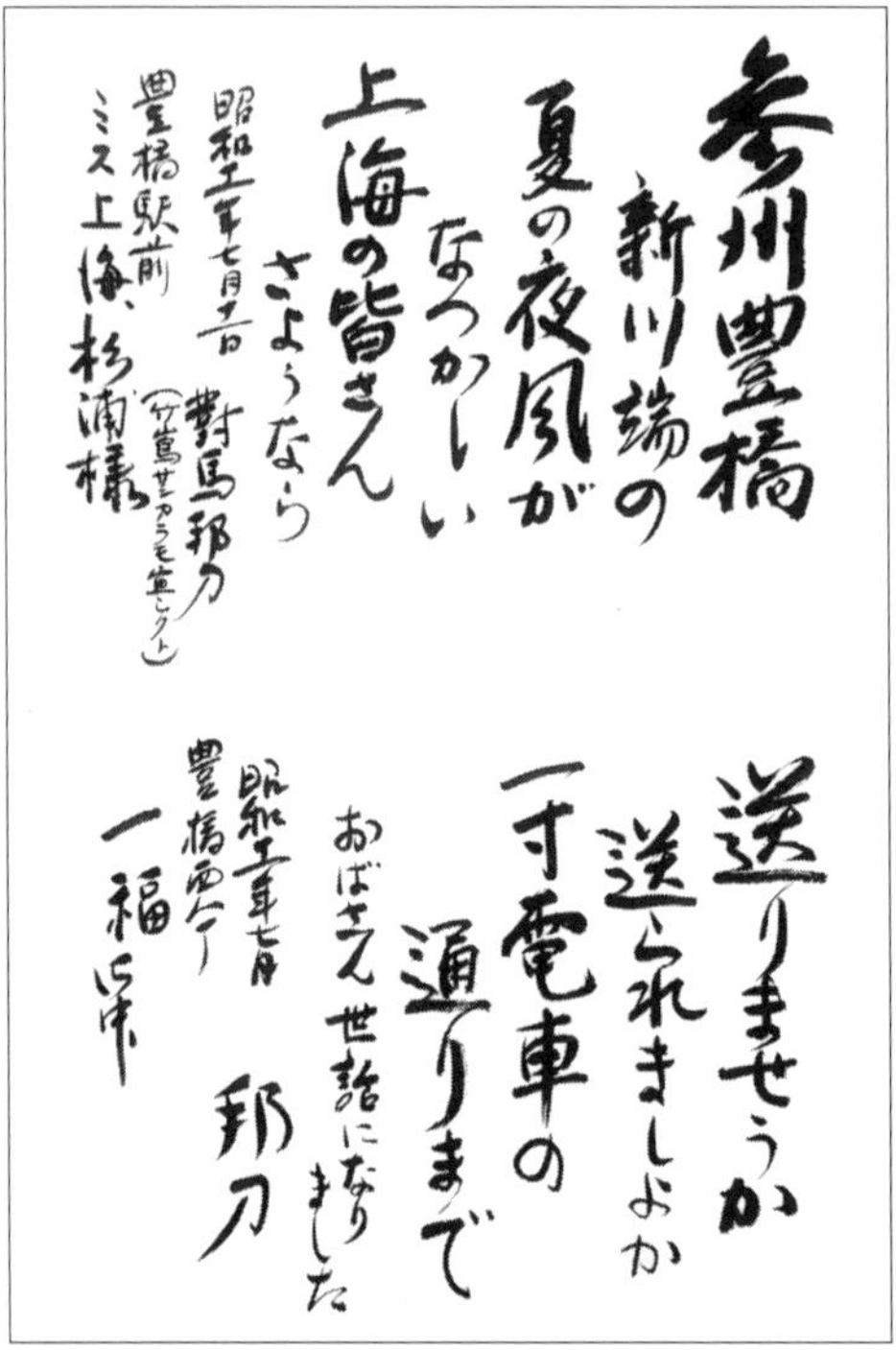

勝雄が二・二六事件後の獄中で残した、豊橋のなじみの店の人々への感謝の書（波多江たまさん提供）

も行って考えをただした。

とりわけ、教導学校の生徒たちを蹶起に動員する考えに対し、

「統帥権［天皇の軍隊］ヲ使フ事ハ間違ヒナラズヤ」

と厳しく問うた。そして決行前日の二五日、勝雄と板垣は教導学校内で午前一〇時ごろから、竹島、井上を交え、絶望的なまでに平行線の激論を続けた。公判での陳述にはない二人の血を吐くような言葉を、井上の前述の書簡（手記）が記録している。

板垣「兵力使用は大権の冒瀆である。やるなら一人でやれ」

勝雄「今迄同志として行を共にしてきて、今更そんな態度に出るとは思わなかった。兵力を使用せねば、〔単発のテロに終わった〕血盟団、五・一五と同じではないか。大事を誤るものだ」

午後五時ごろ、勝雄は興津襲撃を断念。一二時間後に迫った東京の蹶起への参加を最後の望みとし、同五時五六分発横浜行きの列車に乗った。行動を共にしたのは竹島中尉一人。胸中にあったのは、同志と信じた一番身近な同僚さえ動かせなかった現実の苦い敗北感だったか。勝雄の「昭和維新」の幻を追う闘いはこの時、終わっていたのかもしれない。東京は大雪の中だった。

第三節　面会所に集う最後の日々

新聞号外に兄の名前

豊橋教導学校の教え子を率いての西園寺公望襲撃計画が挫折し、対馬勝雄中尉はやむなく同僚の竹島継夫中尉と二人、東京の同志たちの蹶起に参加すべく夜汽車に乗った。一九三六（昭和一一）年二月二六日未明の首都で起こった蹶起は、何も知らぬ家族をも巻き込んだ。

そのころ、たまさんは横浜に給料の良い洋裁の仕事を見つけ、元町の釣り船屋の二階を借りて通った。二月二六日、時ならぬ新聞号外に街の人々は騒然とし、たまさんは胸さわぎを覚えて、長く同居した東京・四谷箪笥町の姉タケの下宿に駆け込んだ。青年将校らが午前五時ごろ、首相官邸などを襲撃し、岡田啓介首相や斎藤実内大臣、渡辺錠太郎教育総監が即死したという。

どの新聞にも兄の名はなかったが、安堵できなかった。病気療養中の妻千代子を預かる静岡の実家も、豊橋教導学校から出奔同然に連絡が取れなくなった勝雄を心配し、「廿五ヒヨリカツオユクエフメイ」との電報を青森の両親に打っていた。たまさんが『記憶のノート』を基につづった『邦刀遺文』の手記は事件後の数日間をこう伝える。

「姉は、駆けつけてくれた私の婚約者波多江［夫になる久吉］と雪の中を出かけていきました。

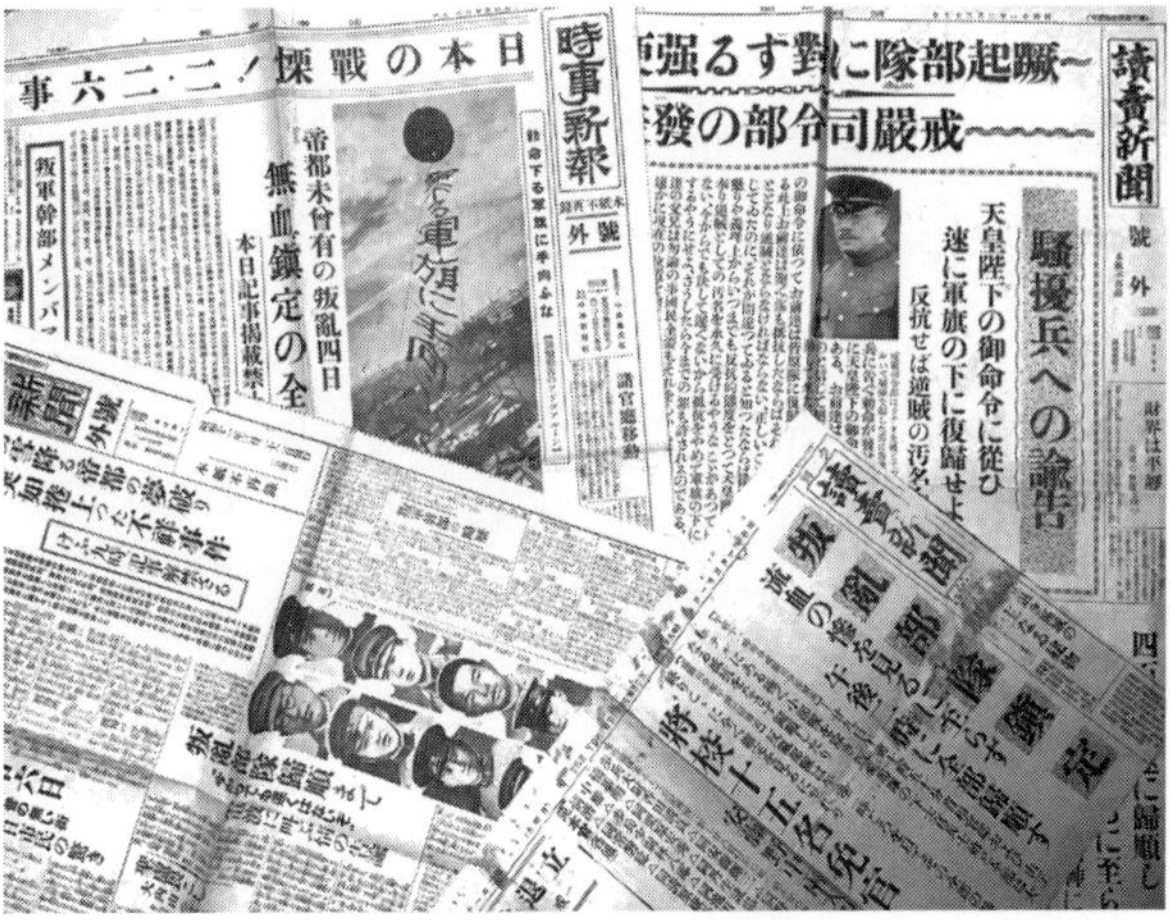

二・二六事件の経過を伝える新聞。勝雄の妹タケ、たまさんが買い集めた（波多江たまさん提供）

決起部隊の兵隊にさえぎられながらも先日訪ねた村中さん［孝次。蹶起の首謀者となる］のアパートや中村義明さん［勝雄が支援した昭和維新運動の雑誌『皇魂』発行人］を訪ねたそうです。［千駄ケ谷の］村中さんのところは入ることが許されず麴町の中村さんのところも決起部隊の歩哨線のなかにあって入れなかったが、女だけ許すということで姉が会うことができたそうです。中村さんは逮捕前で、号外に名がないのだから参加していないのではないか、といったそうですが、私たちは少しも安心しませんでした」

「果して二十九日の号外で参加将校の追加発表があり、そこに対馬勝雄、竹島継夫、河野寿［大尉。牧野伸顕前内相を湯河原の旅館に襲撃し失敗］の名がありました。心臓が飛び出すかと思うくらい胸の鼓動が強く、私は崩折れてしまいました。二人はどうしてよいのか皆目見当がつかず途方に暮れました」

わずか四日間、蹶起鎮圧

この間の勝雄の行動を、自身の陳述が記録された公判調書からたどってみる（『二・二六事件裁判記録　蹶起将校公判廷』池田俊彦編、原書房、一九九八年）。

二月二五日夕方、豊橋から横浜行き列車に竹島中尉と乗った勝雄は、翌二六日午前二時半、歩兵第一連隊（現・港区赤坂九丁目）に到着し、豊橋に最終謀議に来た栗原安秀中尉と面会して西園寺暗殺中止の顚末を報告。急遽、栗原が率いる機関銃隊約三〇〇名に合流し、午前四時半ごろ、先頭の栗原に続いて、岡田首相を標的に首相官邸に向かった。

五時ごろ、官邸内に侵入。首相捜索中の銃撃戦を経て（警護の巡査四人が死亡）首相殺害の報を聞き、一室で老人の遺体を検分し、

「其の時同室にあった岡田首相の写真と其の死体の人の顔とを照合せて見ましたら似て居るので皆首相殺害の目的を達せりと云って居りました」

六時ごろだった。遺体は首相の義弟の総理秘書、松尾伝蔵退役大佐であり、首相は女中部屋に逃れて難を逃れた。歴史的な誤認の現場に勝雄もいた。

その後は警戒線を巡回しながら、二六日正午ごろ、陸相官邸での磯部浅一、村中孝次、香田清貞大尉ら蹶起側と古荘《ふるしょう》幹郎《もとお》次官、山下奉文《ともゆき》軍事調査部長らとの会見に同席し、発言した。

「旧態に復すことのみに焦って居るがそれは誤りである」

「発展的に時局を収拾すべきであると思ふから、相当の決心を以て善処されたい」

同夜には真崎甚三郎大将ら軍事参議官との会見に加わり、翌二七日未明に戒厳令が出されると、小藤恵第一連隊長の指揮下で麴町地区の警備に当たり、再び真崎らと蹶起将校との会見に出た。「昭和維新」の実現に向けた事態収拾を求めた将校らに対し、股肱《ここう》の重臣を殺害された昭和天皇の怒りは激しく、二八日には「原隊復帰」の奉勅命令、さらに戒厳司令部の武力鎮圧の命令が下された。戦車など討伐部隊に包囲された将校たちは、二九日午後五時ごろ、陸相官邸に集められて投降し、逮捕された。その際の緊迫した模様を、勝雄は第一〇回公判調書でこう語った。

「竹島と共に同官邸に行きましたところ一室に入れられ自決を強いる情勢であり、高橋（太郎少尉）、麦屋（清済少尉）、坂井（直中尉）等若い将校は自決すると云って居られ、中橋（基明中尉）は死ぬときは栗原と刺合って死ぬと云って居られました。

私は此の情勢に反感を抱き小藤大佐の指揮に依るべきものなりと為し、今自決の要なしと主張し自決を覚悟した竹島にもその旨を告げて翻させました。当時同官邸に元の中隊長横田大尉が見えられましたので会ふとしましたが憲兵が遮り不快の取扱を受け其の内憲兵に保護されて午後七時頃東京衛戍刑務所に収容されました」

「昭和維新」を掲げた勝雄と同志たちの蹶起は、臨時内閣樹立の首班にと頼んだ真崎ら皇道派の将軍たちからも見放され、わずか四日間で「叛徒」として鎮圧された。軍人としての階級も名誉も剝奪され、貧しい古里の原風景に始まる長い苦闘の道のりの、あまりに無惨な終幕だった。

豊橋から行動を共にした竹島中尉は、事件後の公判陳述で

「突如兵力ヲ以テ直接行動ヲヤル事ハ内心反対ナリキ。対馬ニ殉ジテヤロウト云フ気ニナリタ

リ」と本意にあらざる真情を吐露し、衛戍刑務所での遺文（七月三日）に、

「あてにもならぬ人の口を信じ、どうにもならぬ世の中で飛び出して見たのは愚かであった」

「何という馬鹿者か、親を捨て、弟を捨て、家を捨て、身を捨て、すべてを捨てて残ったものは君への不忠、親への不孝、世の嘲笑、そして身は死刑だ」

という激しい悔恨、憾みを書き残した（河野司編『二・二六事件　獄中手記・遺書』）。

「あてにもならぬ人の口」とのあまりに残酷な一句に、蹶起瓦解の本質があったのではないか。

看守が伝えた死刑判決

たまさんの『記憶のノート』は、それからの勝雄の最後の日々を克明に記す。二・二六事件の蹶起将校を、家族の側にようやく戻った兄として記録したこの「終章」が、昭和維新への執念を吐露するどんな遺書遺墨よりも、勝雄の生身の感情と息遣いをいまに伝える。

事件後のたまさんは、仕事場にも現れた新聞記者たちから身を隠し、事情聴取に来た憲兵から予期せぬ励ましの言葉をもらい、電気スタンドの傘を作る工場主の訪問を受けて「厚遇するから来ないか」と誘われ、陸軍から国賊扱いされる青年将校への世間の同情を知った。収監された兄からの消息は途絶え、姉タケは東京衛戍刑務所への差し入れにひたすら通った。

衛戍刑務所から静岡の松永家に通知が届いたのは四月二四日。「近ク開廷セラルベキ公判ニ着用スベキ被服、羽織、袴、着物、帯、履物ノ五品　着物ハ袷、セル、襦袢ニ着位」との請求だった。すぐ青森の実家に連絡され、母なみが慌てて支度をして、松永家の東京の縁者、永井武一退

役大佐に差し入れを託した。衛戍刑務所の特設法廷で第一回公判が開かれたのは四月二八日。

勝雄は逮捕後の『憲兵訊問調書』で「将来ノ覚悟」を問われ、

「私共ノ意ノアル所ヲ公判ニヨリ極力外ニ伝ヘテ最後的御奉公ヲスルツモリテス」

と述べた。武力で屈したが、自分たちの真意が国民と全国の軍人、そして昭和天皇自身の耳にも達せられるような公判闘争に、同志たちとの最後の望みを懸けた。だが、捨て身の訴えは、反逆分子の完全な圧殺を目論んだ軍部の意志の下に塗りこめられ、「暗黒裁判」の悪名を後世に残す。たまさんも『記憶のノート』につづった。

勝雄の生涯の語り部となった妹、波多江たまさん。生前の最後の写真。2019年5月17日、弘前市の自宅

「裁判が開始されても、［事件の］調査の様子も、［将校らの］行動の原因と動機の審理もすべて公表されませんでした。新聞は全部発表を禁止されました。弁護士も証人も一切ゆるされませんでした。兄達が切腹を思いとどまって、恥を忍んで縛についたのは、自分達の裁判が公開され国民に伝えられるものと思ったからです」

家族の不安が募っていた七月五日の夜遅く、四谷箪笥町の借家に背広姿の訪問者があった。林昌次と名乗り、衛戍刑務所の看守だった。名古屋の師団から二・

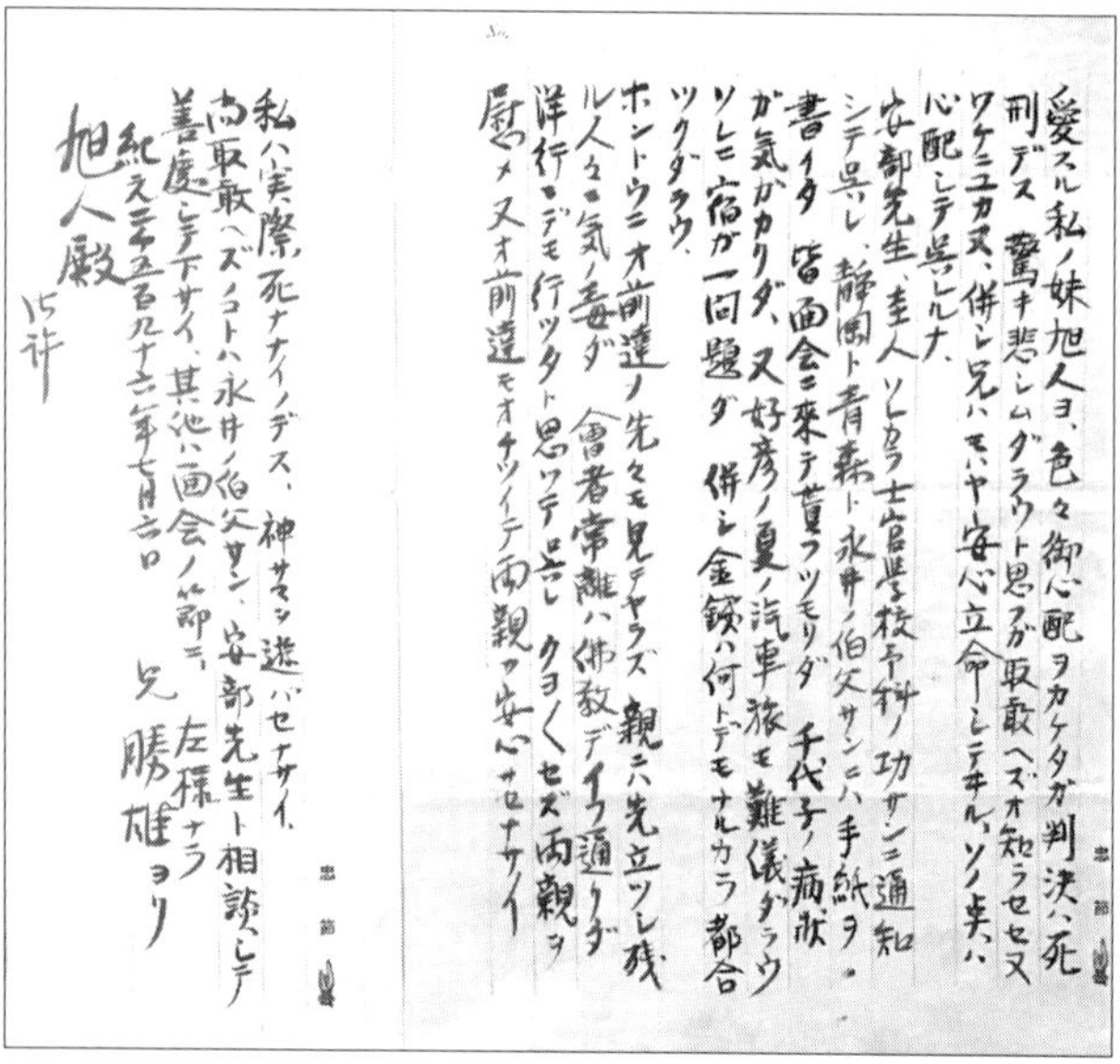
愛スル私ノ妹旭人ヨ、色々御心配ヲカケタガ判決ハ死刑デス　驚キ悲シムダラウト思フガ取敢ヘズオ知ラセセヌワケニユカヌ、併シ兄ハモハヤ安心立命シテヰル、ソノ点ハ心配シテ呉レルナ。
安部先生、主人ソレカラ士官学校予科ノ功サンニ通知シテ呉レ、静岡ト青森ト永井ノ伯父サンニハ手紙ヲ書イタ　皆面会ニ来テ貰フツモリダ　千代子ノ病状ガ気ガカリダ、又好彦ノ夏ノ汽車旅モ難儀ダラウ　ソレニ宿ガ一問題ダ　併シ金銭ハ何トデモナルカラ都合ツクダラウ。
ホントウニオ前達ノ先々モ見テヤラズ　親ニハ先立ツレ残ル人々ニハ気ノ毒ダ　会者常離ハ仏教デイフ通リダ　洋行ニデモ行ツタト思ツテ呉レ　クヨクヨセズ両親ヲ慰メ又オ前達モオチツイテ両親ヲ安心サセナサイ
私ハ実際死ナナイノデス、神サマニ遊バセナサイ、尚取敢ヘズノコトハ永井ノ伯父サン、安部先生ト相談シテ善処シテ下サイ、其他ハ面会ノ節ニ、　左様ナラ
紀元二千五百九十六年七月六日
兄　勝雄ヨリ
旭人殿

林看守が届けた、勝雄の獄中書簡の1通（波多江たまさん提供）

二六事件公判の看守増員で派遣され、豊橋教導学校にいた勝雄と親しい人だった。林は寂しげな表情を浮かべながらたまさんら姉妹に慰労の言葉を掛け、それから
「自分達も四方八方手を尽くしたが力及ばず本日死刑の判決が下ったと云いました。こんなに立派な軍人たちを死から救えなかった事は誠に申し訳ないと深々と頭を下げ涙を流しました」

死刑と聞いて驚愕した二人に林は、勝雄は収監された時は疲れきって眠り続けたが、今は元気でいると伝え、

「之は対馬中尉殿から妹達に渡してくれと託されたものです、と鉛筆でぎっしり書かれた薄い紙を差し出しました」

勝雄が当日書いた手紙だった。事件後、借家の周囲の角々で憲兵や特高が目を光らせていたが、林は至急両親を呼び寄せ

るよう伝えると、肩を落として暗がりに去ったという。

「愛スル私ノ妹旭人［タケのこと］ヨ、色々御心配ヲカケタガ判決ハ死刑デス。驚キ悲シムダラウト思フガ取敢ヘズオ知ラセセヌワケニユカヌ」

「皆面会ニ来テ貰フツモリダ　千代子ノ病状ガ気ガカリダ、又好彦ノ夏ノ汽車旅モ難儀ダラフソレニ宿ガ一問題ダ」

「ホントウニオ前達ノ先々モ見テヤラズ　親ニハ先立ツシ残ル人々ニ気ノ毒ダ」

勝雄は、刑務所にいながら貧しい一家の生活を心配し、面会のため上京した人々の宿泊代のことまで心配していた。

死刑に直面しながら家族への思いやりが溢れ、たまさんにとっては、子ども時代から変わらぬ優しい兄がそこにいた。

傷心の両親上京、面会へ

青森の両親と末妹きみが上野駅に着いたのは七日朝早く。衛戍刑務所からも『メンカイユルサル　ライショアレ』との電報が前日、実家に打たれていた。出迎えのたまさんらの顔を見ると、母と妹は目を真っ赤にして涙を流し、父は無言だった。

「今朝途中の駅で号外を持って乗った人が隣席に坐り、のぞいて見た号外に死刑の判決の発表と共に兄の写真と名前があり借りて見たとの事。其の後母と妹は泣きづめだったと。父もまさかと思って居たので呆然としたそうです」（陸軍省の判決の新聞発表は七日午前二時だった）

父嘉七によれば、日露戦争に従軍した昔から、戦場での最高の栄誉とされた金鵄勲章を得た者は罪一等を減じられたという。満州事変の戦功で勲章をもらった息子は、命だけは助かると思ったのだ。

「軍人として頂いた最高の勲章もオモチャ同然、何の値打ちもなかったのかと父はいかにも残念そうに話すのでした」

借家に着いた傷心の家族を、静岡の義父松永正義、郷里青森市相馬町で勝雄の後見人だった二代目町内会長の相馬武一（相馬駿老の長男で退役大尉）、サクランボの手籠を抱えた弘前の叔父阿保源蔵、東京で姉妹の世話役だった安部金之助が見舞い、刑務所の初日の面会に行った。仙台から幼年学校からの友、桜井亮英も駆け付けた。

バラックの古びた長屋のような面会所に着くと、被り物で顔を隠した収監者たちが連れてこられ、その中に、差し入れの夏羽織や袴を着けた勝雄がいた。通された部屋には粗末な木のテーブルと椅子が置かれ、隣とは板一枚で仕切られただけだった、とたまさんは記す。

「部屋の中は静まり返って、重苦しい空気に包まれ、沈黙が続き、誰もがうつむいたまゝでした。兄の顔を正視する事が出来なかったのです。暫くして、やっと兄が沈痛な声で『この度は皆様に大変な御心配をかけまして誠に申し訳御座いませんでした』と云って、頭を深く下げました。そして猶も言葉を続け、『やむを得なかったのです。判っていただけますね』と云って隣の父の方に目を向けました。父はため息と共に大きくうなづき乍ら『達者で何よりだ』とつじつまの合わない返事をして、淋しそうな目で兄を見つめました」

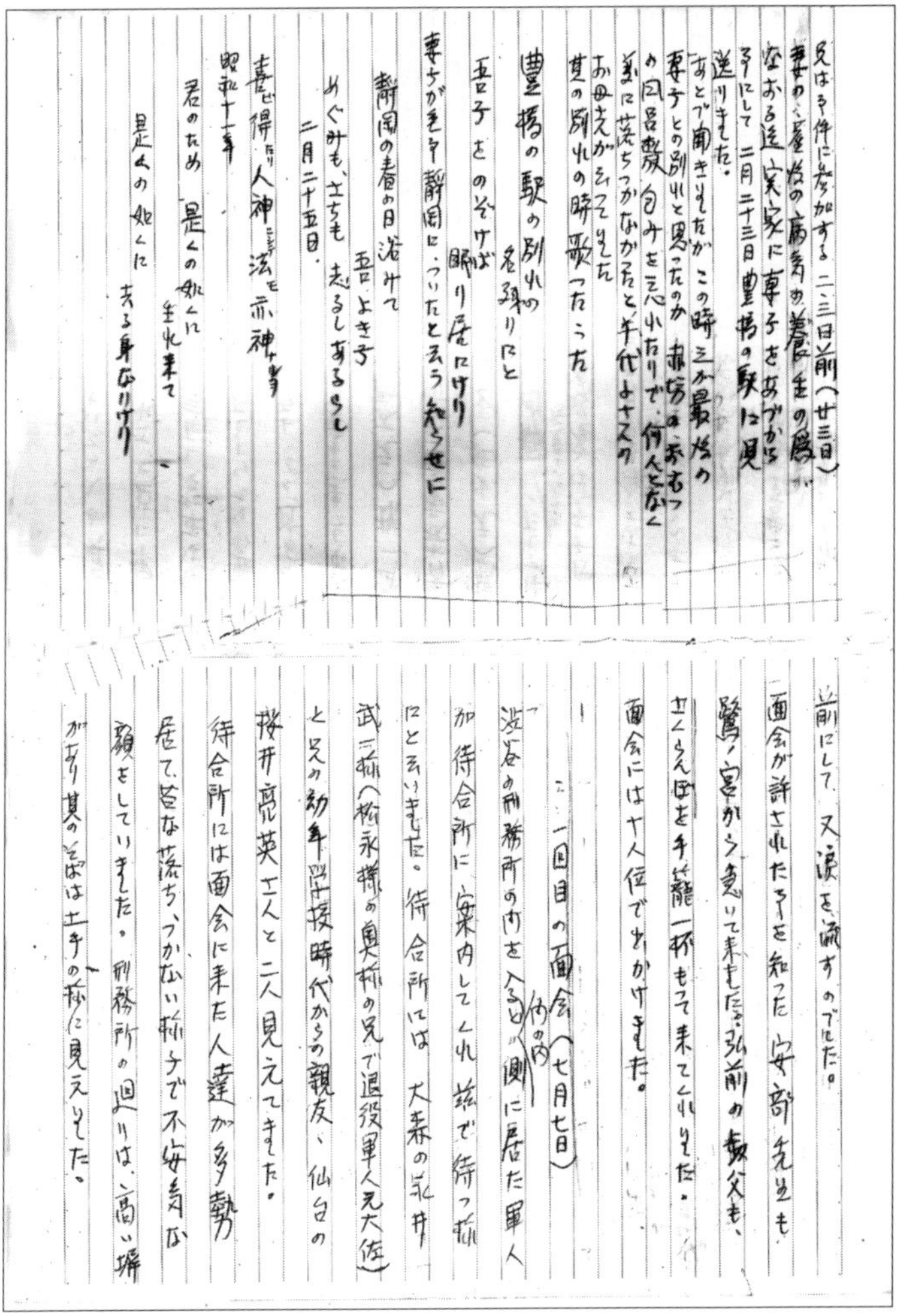
兄は事件に参加する二、三日前（廿三日）
妻の父直治の病気の養生の為
なおる迄実家に妻子をあづからう
事にして二月二十三日豊橋の駅に見
送りました。
あとで聞きましたがこの時之が最後の
妻子との別れと思ったのか赤坊のおむつ
の風呂敷包みを忘れたりで何んとなく
気に落ちつかなかったと千代よりきく
お母さんが云ってました
其の別れの時歌ったうた

豊橋の駅の別れの名残りにと
吾子をのぞけば眠り居にけり
妻子が去りし静岡に、ついたと云う知らせに
静岡の春の日浴みて吾よき子
めぐみも、立ちも志るしあるらし
二月二十五日。
喜び得たり人神にして法も亦神なり
昭和十一年
君のため是くの如くに生れ来て
是くの如くに去る身なりけり

前にして、又涙を流すのでした。
面会が許されたことを知った安部先生も
驚いて家から急いで来ました。弘前の叔父も、
さくらんぼを手籠一杯もって来てくれました。
面会には十人位で出かけました。
二、一回目の面会（七月七日）
波多の刑務所の門を入ると門の内側に居た軍人
が待合所に案内してくれ茲で待つ様
にと云いました。待合所には大森の永井
武三様（松永様の奥様の兄で退役軍人元大佐）
と兄の幼年学校時代からの親友、仙台の
桜井亮英さんと二人見えてきました。
待合所には面会に来た人達が多勢
居て、皆な落ちつかない様子で不安気な
顔をしていました。刑務所の回りは、高い塀
があり其のそばは土手の様に見えりました。

たまさんが克明に書き残した『記憶のノート』（線は筆者）
（波多江たまさん提供）

「皆は、やっと顔をあげ静かに兄を見ました。兄は『私達は、国家と国民の行末を考えて行動したが、恐れおゝくも秩父宮殿下にはじき〳〵にお言葉を賜り…』（最後の方は判らなくなりました。言葉は中断されたのです）と茲《ここ》まで一気に云った時、兄のすぐ後ろに立っていた軍人の看守がいきなり銃の台尻を床板にもの凄い勢いで叩きつけて『発言中止』と大声をあげました。［中略］軍人は猶も大声で『皇室の事は申してはならん』と再度叫びました。兄は、きっとした顔を軍人に向け『本当の事を云って何が悪いか』と怒りました。すると軍人は『之以上皇室の事を云うなら面会は謝絶する』と云い切りました。私たちは事の意外さに只はら〳〵するばかりでした」

たまさんの『記憶のノート』は、重苦しく緊迫した面会所の空気をありのままに伝える。同席していた千代子の伯父、永井武一退役大佐が「まあ〳〵今のは聞かなかったことにしますから、それならいいでしょう」と執り成すと、看守は無視したように「今のは速記削除」と怒鳴った。たまさんは、本来であれば階級が上の兄が受けた辱めと無念を思い、興奮が収まらなかったという。

「其の時、隣室からテーブルをはげしく叩いて真崎［甚三郎］大将を罵る大きな声が聞こえてきました。私達には内容がよく聞こえません。どうした事かと耳をすませました。かなり激してるようで、テーブルは何回も叩かれました」

「兄はじーと目をつむって聞いていました。が、最後迄真崎大将のことなど一言もいいませんでした。陽に焼けたりりしい兄の顔はそこにはなく、只青白いが毅然とした姿だけがありました」

「われにかえった私は小さな声で、津軽弁で話そう、と隣に座っている妹［きみ］に云いました。それなら、此の軍人達［看守］にも判らないだろうと思ったのです。それで少しだけ話が出来ました」

母なみは「何か食べたいものとか入用なものはないか」と目に涙をいっぱいためて聞いたが、勝雄は「不自由はしていない、何も心配しないでください」と言い、うつろな目で窓の外をじっと見た。交わされる言葉はとぎれとぎれになり、涙声と沈黙になり、いたずらに時が過ぎた。

「やがて『時間です』と云う声に私達はよろ〳〵と立ち上がりました。兄は皆を元気づけ様として出口の所に来て一人一人と固く握手をし、両親や家族の事をたのむのでした」

このころ、勝雄の妻千代子は静岡の日赤病院に入院し、面会謝絶の身だった。

「御両親［松永夫妻］は死刑の事を一切知らせずに居たのですが、敏感になっている千代子さんは感づいて、やせ細った体をふるわせ布団に顔をうずめて泣き崩れ、其の後熱は一層上がり、危篤状態が続きました。刑務所の婿が先か、娘が先かとご両親は涙に明け暮れる毎日だったとの事でした」

と、たまさんは記した。

七月八日、家族は二回目の面会で、日本髪の千代子と、生後半年にも満たない長男好彦の写真を持参した。勝雄は「大きくなったね」と手に取って眺め、涙のうちに時が過ぎようとした時、そこへ期せずして、静岡の松永夫妻が白羽二重の産着の好彦を連れてきた。たまさんは映画のように流れた情景を回想し、つづった。

「兄は一目見るなり目を細め、両手をさしのべて抱きとり、ほゝずりをしました。赤ん坊は『あーあー』と何か話しかけています。そして兄の顔に手をかけ撫でるのです。兄の目に光るものがあり、涙をこらえつゝ、赤ん坊のなすがまゝにしているのでした」

「時間です」と看守から冷たく退席を促されたが、好彦は勝雄の羽織のひもを握りしめて離さず、義父は無理やり引き離した。赤ん坊にこんな力があったのか、ひもがちぎれて、だらりと下がった。「未練が残るから、赤ん坊に後ろを見せるな、急ぎなさい」と足早に去ろうとすると、好彦は抱かれながらくるりと振り返り、勝雄をじっと見た。

「兄は赤ん坊の後を追うようにして桟のある窓のそばに走り、窓に顔を押し付け両手で桟につかまり、我が子をぢーと見送りました」

勝雄はその夜、監房で歌を詠み、刑の執行後に遺品として遺族に渡された。

来たか坊やよ　利巧な坊や　たった一つで母さんの　使ひにはる〴〵　汽車の旅

おゝ　お手柄　お手柄

素顔に戻った「兄」

七月九日、三回目の面会。勝雄は沈みがちな家族を力づけようと明るく振る舞い、気を配った。たまさんは涙で言葉にならず、裁判が一切公表されず何もかも許可されず、ひどすぎるという憾みの手紙と、計り知れぬ打撃を受けた母なみの胸中を代弁した和歌を読み上げた。

　現し世に　神なきものぞと悲しめる　母の嘆きを　何にたとえん

七月一〇日、四回目の面会。

「兄は落ち着いています。私たちは何をどうすればよいか判りません。助けたい〳〵、神様どうぞこの人達の命を助けて下さい」

「父はあまりの打撃にか、上京以来殆ど口をとじたままです。一家はあまりに大きな期待を兄にかけていました。兄が死ぬ事は母も死ぬ事なのです」

勝雄が家族に語り掛けた。

「兄は重い口調で『もう線香をたいて下さい』と云いました。母はぎょっとした顔で兄を見つめました。兄は更に『私は一足先に逝きます。お二人共、私の分も長生きして元気で暮らしてください。後をたのみます。そしてもし陛下のお許しが出たら、其の時は赤飯を炊いて祝って下さい。又何度でも生まれ変わって国の為に尽くします』と云いました。

又妹［末妹きみ］は両親と共に暮らしていましたので、『くれ〴〵も両親をたのむ。皆で助けあって暮らしなさい』とやさしく云い乍ら私達の方にも目でたのむのでした」

七月一一日、五回目の面会。衛戍刑務所に通う家族は心身ともに疲れ切っていた。これから先の思案もつかず、助ける手立てもなく心が沈む様子を気遣い、勝雄は明るく元気に振る舞った。

そして、この日も死後のことを語り始めた。

「自分が死んだ後、葬式は盛大にして下さい」

「骨は陸奥湾の海辺の砂とまぜて早く腐って土にかえる様にしてください。自分は何回でも生きかえって国の為につくします。部下の遺骨もたのみます」

たまさんら家族は、満州からの帰還以来、肌身離さなかった小袋の分骨のことと得心した。

そして、勝雄は静岡の義父に顔を向けた。

「『本当に申し訳ありません』と詫び乍ら、『こうなった以上、千代子の身の振り方はお任せします。再婚も、やむを得ないと思いますので、本人の思う様にさせてやって下さい』とも云いました。ぢーとそれを聞いていた松永［正義］さんは立派な軍人でした。『軍人に嫁がせた以上、最初から覚悟の上だった。そんなことは心配しない様に』」

時間が来て、看守から「明日は日曜日ですので面会はお休みです」と告げられ、家族は他家の面会者とぞろぞろと控室に戻った。その時、虫の知らせだったたか、たまさんは勝雄がまた気になった。面会所の外に出ると、箱形の自動車が刑務所に入って前を通り過ぎようとした。一瞬、窓を覆ったカーテンの端がひらりと舞い、たまさんの目に異様な光景をのぞかせた。

「中には白ダスキをX型に掛けた、黒っぽい服を着た軍人らしい人々が姿勢を正して、両側にずらりと並んで腰かけているのです」

「［銃殺隊かと］あわて、皆に知らせました。控室の中は大騒ぎになりました。もしかしたら明日は処刑かもしれないと口々に云って筆や色紙等差し入れに走りました。私は心の動揺をどうする事も出来ず只うろ〱するばかりでした。母は、あきらめと絶望とで顔も歪んで青ざめ目もすわってしまいました。暫くして、まわりも大分静まり声を出す人もなくなりました」

予感の通り、処刑は衛戍刑務所で翌一二日朝に行われた。午前七時、銃声とともに勝雄は逝った。

イタコが語った勝雄の魂

勝雄の遺骨は七月一五日夕方、家族に守られて青森に戻った。列車の中から実家での通夜まで憲兵や特高に監視され、昔なじみの住民たちは線香を上げることも許されず追い返された。嘉七はその夜、居座る特高の眼前で、そばの海岸から掬ってきたバケツ一杯の砂を大きな紙にどっとあけると、骨壺の勝雄の遺骨と、息子から託された小袋の分骨を両手で混ぜ、木箱に納めた。刑事たちは狂ったかと目を見張ったというが、勝雄はようやく懐かしい古里の浜に抱かれた。

一年後の一九三七（昭和一二）年の命日。青森の実家に集った家族は、勝雄のもう一つの願いをかなえた。「神様遊ばせをしてほしい。私は死なない、いつでも会え

勝雄の死後、静岡の実家で遺影と向き合う妻千代子と長男好彦（波多江たまさん提供）

勝雄の死の翌1937（昭和12）年の元日、墓参りをした嘉七（左端）、なみ、末妹きみ。墓石建立も軍から禁じられた。青森市の正覚寺（波多江たまさん提供）

る」との遺言だった。仏下ろしともいう。目が不自由な女性が修行をしたイタコが、あの世の縁者の声を伝える昔からの生業だ。「できるだけ遠くの知らない人を」と親戚に頼み、タクシーで呼び寄せた。たまさんの『記憶のノート』はこう伝える。

「仏壇に向かって拝んでいるうちに、イタコは『この人は軍人ですね』と云いました。母は『はい』と云うと、『立派な軍人で部下をつれています。日本中を北から南へと飛び回っていますが、まだ成仏していません』。私達は、部下をつれてとはどういう事か、と思いました。ふと、埋骨の時、部下の遺骨（分骨）も一緒に埋めた事を思い出しました」

「びっくりしてしまいました。イダコは猶も言葉を続け、『この軍人は生きていたら、それはくえらくなった人です』と云いました」

勝雄はイタコの口を通して何も語らなかった。生まれた時代の苦から解かれながら、なおも忙しい兄なのかもしれなかった。

エピローグ

勝雄の家族の生涯

不思議な魂の付合がある。勝雄に死刑判決が下された一九三六（昭和一一）年七月五日の夜、妻千代子は静岡市の実家の病床で、判決そのものがまだ伝わっていないのに、「御面会に行かれぬ体を　此の上なく悲しく存じます。私は　かねてより　軍人の妻として　今日の日が来るのを覚悟して居りました」と手紙に書いて父母に託した。

その四日後、衛戍刑務所で面会した父母に勝雄が託した返信には、「かねて私は　病中とて何事も　知らせて　下さいませんでしたけれど　度々の夢により霊感により　すでに今日ある事を知り　だん〳〵覚悟が　出来て　居りましたから　決して取乱しませんでした。どーぞ　御安心下さいませ」と、悲嘆ではなく、勝雄と最後までつながっているかのような励ましの言葉を返した。

そして、理不尽で非情な運命を与えた夫へ、憾みでなく、「わずか一と年の　みぢかい契りながら　あなたの　精神は　好彦に生きております。私はこれを　力とも　なぐさめともいたし立派に生きて　まゐります」「すべては　御安心下さいまして　み心静かに立派な御最後を　祈ります」と、軍人の妻の鏡のような言葉さえ贈った。

すべてを受け入れた勝雄の死後、千代子は好彦と共に青森市相馬町の義父母の家に移り住んだ。子ども時代の勝雄の姿のように陸奥湾の浜で遊ぶ幼い好彦、近くの合浦公園で地元の主婦に交じり国防婦人会の活動に参加した千代子の写真も残っている。

たまさんの娘で弘前市に住む波多江多美江さんによると、伯母に当たる千代子は好彦の結婚、独立を見届けるまで、嘉七、なみと共に暮らし、その後、静岡の身内に引き取られていった。その後も再婚することなく、青森に戻って脳梗塞で不自由な身となって施設に入り、一九九九（平成一一）年一月に八六歳で生涯を終えた。

従兄の好彦は、勝雄も仙台陸軍幼年学校入学まで在籍した旧制青森中学の後身、青森高校で学び、中央大法学部を経て青森で銀行員生活を送り、二〇一五年に八六歳で他界した。

高校の同学年に、後の劇作家、歌人の寺山修司がいた。父同士は、勝雄が蹶起前年の暮れ、弘前の秩父宮に無断で拝謁しようと仮邸を訪ねた際、詰め所にいた巡査が寺山の父八郎だったという。奇縁ながら、息子二人は互いに知ることなくすれ違った。

「好彦さんは無口で、従兄妹たちが集う機会にもしゃべることがなく、何を思うのか分からない人でした。子どものころは明るく『兄に似ていた』と母は語りましたが、どこで変わったのか」と多美江さんは話す。

青森の実家で暮らした間、義父母の嘉七、なみ、千代子も二・二六事件について話すことは一切なく、「好彦さんも、母からも祖父母からも、腫れ物に触れぬように父について何も教えられることなく育ったのでは」と多美江さんは推察する。たとえ亡父の写真や遺品を目にしても、母に問えぬまま、黙したままの生涯だった。

嘉七、なみのその後について、たまさんは『記憶のノート』にこう記す。
「かなりの事にも動じない父も、仏壇の前にぢーっと座っている日が多くなりました。或る日ぽつりと、『蒙古にやればよかった』と後悔するのでした。兄は自然が大好きでしたので、蒙古の原野と人情にひかれたのでしょう。徳王とも友達になったので行かせてくれ、と父に頼んだことがあったようです。それを父は思い出したのでしょう。何処にいても生きてさえいたら、との心境だったと思います」

徳王は、ジンギスカンの末裔で内蒙古の自治・独立を運動した政治家ドムチョクドンロプ（一九〇二〜六六年）。満州事変後に日本の軍、政府と接触を持ち、その念願を抱きながら戦後の中国革命の時代も生き抜いた。たまさんら遺族が一九九一（平成三）年に自費出版した勝雄の記録集『邦刀遺文』に、豊橋教導学校で同僚の中尉だった井上辰雄氏が回想文を寄せ、その中に、勝雄の蒙古人への関心の深さを知って、「対馬さんを革新運動から引離すには好都合と考え〝大陸へ行こう〟と誘った」とある。おそらく結婚前のことであろう。ただの夢と聞き流したことの後悔が嘉七に残った。

なみは苦しみを露わにし、「母の受けた打撃は、はかり知れない程で、日増しにやせて、笑顔はなくなり、すっかり〝半病人〟の様になってしまいました」と、たまさんは記した。「毎朝神棚に水を上げ灯りをつけ、仏壇にはご飯をあげ花を差し、線香をあげて拝みました。［命日の］七月十二日は勿論のこと、毎月十二日になると追膳をつくり、和尚さんを迎え、お経をあげていただき、兄をしのぶのでした。母が八十八歳でこの世を去る迄一回も休む事なく四十年間続きました」

嘉七は一九六七（昭和四二）年に八八歳で、なみはその一〇年後に他界した。

事件を語ることのタブー

多美江さんが、伯父勝雄の話をなみが話すのを耳にしたのは、存命中にたった一度、「自分の息子が命を投げうってまで天皇陛下に尽くしたのに、誰も思ってくれない」という、悲痛な叫びの断片だった。それは自分の母親たまさんにしても同じという。

父の久吉は、勝雄と一度だけ会っていた。やはり『邦刀遺文』に衛戍刑務所での「面会の記憶」という一文を書いた。たまさんとの婚約時代の出来事だった。

「このあと対馬嘉七が私を勝雄に紹介して、『この人がたま子と結婚することになっている人です』とおしえた。勝雄は『そうですか、よろしくお願いします。郷里はどこですか』『福岡です』『そうですか』それだけのやりとりで初対面で最後の握手をした。お互いに目の中をのぞき込むような視線が十秒もつゞいた。そしてもう一回長い握手をした。云いたいこと、聞きたいことお互いに一言も云えずにたゞ目の奥までのぞき込んで無言の言葉をかわした」

久吉は一九一二年に福岡市で三輪車などの製造・輸出業の家の長男に生まれた。旧制福岡中、千葉高等園芸学校（現・千葉大学農学部）を出、後楽園農場を経て太平洋戦争中、三井農林のボルネオ事業所長として現地で終戦を迎えた。東京で出会ったたまさんと戦後、青森に移り、GHQ青森軍政府の調査官、平野産業経済研究所の研究員、理事を経て、四八年に財団法人青森県りんご協会参事に迎えられて産地づくりの研究・指導役を担い、有名な渋川伝次郎会長と両輪で津軽を日本一のリンゴ王国へ育てた。

戦前から大の軍人嫌いだったという。母を早く亡くし、父との不和から家出同然に上京した生い立ちから、なみを実の母同然に慕った。家族を犠牲にし嘆き悲しませた勝雄の不孝を許せず、人に語ることも終生なかった。「私も、家で両親が勝雄伯父や二・二六事件のことを話すのを聞いたことがなかった」と多美江さんも話す。

たまさんの夫、波多江久吉
（波多江たまさん提供）

二・二六事件を語ることが家族の間でタブーとされ、次世代との間にも「伝承の断絶」を生んだことは、当事者である青年将校らの遺族たちに広く起きた悲劇だった。

「銃殺刑となった対馬中尉の遺骨は、赤く染めた荒なわをかけられ、憲兵隊の自動車で青森市相馬町の実家の前に捨てられたという」（『青森県警察史・下巻』）

この異様な一文は事実ではない。処刑後直

ちに火葬を命じられた勝雄の遺骨は、対馬家の人々が半ば軟禁状態の夜行列車で青森市の実家に持ち帰った。にもかかわらず、地元の警察によって記録されたのは、そのような風聞が実際に流布したからであろう。つまりは、天皇に弓引いた「国賊」「非国民」と貶めるためのフェイクニュースだった。蹶起の資金はソ連から流れていた——などという当時のデマと同根であろう。

陸軍は「暗黒裁判」によって事件の事実関係、将校らの訴えを秘匿し、闇に葬り、「国賊」扱いの宣伝をした。処刑後の葬儀も特高や憲兵に監視され、心ある人々の参列も取り締まられた。遺族は戒名を刻む墓の建立も禁じられ、非業の死を遂げた肉親を悼み、悲しみを語ることすら憚る「空気」がつくられ、「沈黙」を強いられた。やがて「国家総動員」の大号令の下で、事件そのものも世間の関心からかき消えていった。

蹶起に巻き込まれ、何も知らず動員された兵士も同様に監視され、「口封じ」のため戦場に送られた。憲兵の目も恐れず、勝雄の死後、遺族に励ましの手紙を寄せた豊橋時代の元部下がおり、筆者が古い住所をたどって電話をすると、「おじです。レイテで戦死しました」と聞かされた。ゆかりある人々もまた過酷な運命をたどった。

「兄の真実を伝えたい」

対馬家の人々は、卒塔婆だけの勝雄の墓があった青森市寺町の正覚寺の墓地が一九五二（昭和二七）年、新造成された三内霊園に移設されたのを機に、悲願だった墓石を建立した。戒名は「義忠院心誉清徳勝雄居士」。青森中学で同学年だった楠美知行住職が、遺骨の供養を快く受け入れてくれた縁があった。七年前の敗戦で陸軍は消滅し、民主主義と戦後復興の時代の明るさの陰で二・二六事件も忘れられ、仏心会に集った遺族だけがひっそりと供養を続けた。蹶起将校たちは戦後も、「軍部独裁」「ファシズム」の「先兵」とされて、日本史の暗いページに塗りこめられたままだった。

やがてジャーナリズムの世界で秘匿された事件の内幕ものが世に出るようになり、『日本を震撼させた四日間』（新井勲著、文藝春秋、一九四九年）、『二・二六事件』（河野司著、日本週報社、一九五七年）、『私の昭和史』（末松太平著、みすず書房、一九六三年）、『二・二六事件への挽歌』（大蔵栄一著、読売新聞社、一九七一年）など、事件に関わった当事者たちによる証言も次々に出版された。

「そのたびにひそかに買って、むさぼり読んだ。事件を公に語っていい時代になったのを感じ、初めて心の呪縛を解かれていった」。一九九九（平成一一）年三月、河北新報の記者だった私が連載『時よ語れ　東北の20世紀』の取材で初めて訪ねた、たまさん（当時八四歳）は弘前の自宅で感慨深く語った。出会いのきっかけは、その八

勝雄が両親らと共に眠る対馬家の墓。青森市三内

年前に、たまさんと当時東京在住の姉タケ（白井姓）が自費出版した前述の『邦刀遺文』を知ったことだ（それから、たまさんと筆者との交流は約二〇年間にわたって続いた）。

「ひそかに買って」というのは、夫の久吉に知られぬためだった。たまさんの心情を、この世で誰よりも分かってくれる相手なのに、「兄のこと、事件のことを、夫婦で六十年余りも語り合うことがなかったのです」。それも、事件が残した不幸だった。それでも後世の第三者が二・二六事件を書いた本に少なからぬ思い込みや誤解、曲解を見つけ、「兄の真実を、家族が体験した事実を書いて伝えたい」思いが激しく募った。

遺文の整理とともに、たまさんは兄の元部下や同期生らの住所と安否の確認を一九八九（平成元）年暮れから始め、そのことを、毎日一緒に暮らす久吉に一切話さなかった。

その孤独な作業を手助けしてくれた人がいた。久吉の名著『青森県りんご百年史』の共著者で友人だった弘前市の斎藤康司さん。戦前は石原莞爾に傾倒して東亜連盟の運動に熱を上げ、代用教員をクビになったこともあるという。戦後、久吉に師事して青森リンゴの研究者の道を歩み、終生の協力者となった（著書に『リンゴを拓いた人々』筑波書房、一九九六年など）。「ある本を書いていた時、たまさんから『いまのお仕事が終わったら、内々、手伝ってほしいことがあります』と言われた。それが『邦刀遺文』だった。お兄さんのことは人づてに聞いたことがあった。不思議なご縁だと思って引き受けました」と生前の斎藤さんは語った。

たまさんが残した驚くべき仕事は、筆者が『記憶のノート』と本書で紹介した、兄と家族の思い出を大学ノートに克明につづった備忘録で、十数冊分（レポート用紙の束もある）に上る。子ども時代からの勝雄の逸話と言葉を、まるで昨日の出来事のようなリアルさで記録し、最も身近な者の視点で兄の行動の意味を伝えた。昭和初めの青森の農村の貧しさや、恐慌期の東京の世相、風景を真っ直ぐな目でよみがえらせた描写など、一つのルポルタージュと言って良いものだ。

多美江さんは語る。「母は、何かを書き始めると、すごい集中力で、手を止めることがなかった。勝雄伯父の死後、自分が知る兄のすべての記憶を決して忘れまいと、それからの人生を決意して生きてきたのではないか。自分もいつか本を書いて伝えたい、というひそかな願いを胸に抱えながら。伯父のあまりに理不尽な死への無念が、そうさせたのかもしれません」

勝雄の写真を手にする波多江たまさん。兄の記憶を語り続けた。2014年8月1日、弘前市の自宅

事件は終わったのか

「それまで文章など書いたことがなかった」。筆者の取材にこう語った、たまさんの本作りへの執念の夜なべ仕事が一年ほど続いたころ、久吉はついに根負けし、見かねたように「手伝おうか」と口を開いたという。「じゃあ、満州時代の陣中日誌だけでも」とたまさんは答え、勝雄と二・二六事件をめぐる夫婦の心の氷塊はようやく溶け出

『邦刀遺文』

した。

久吉が引き受けた部分は、勝雄自筆の作戦地図や写真が多数挿入された「歩兵第三十一聯隊乗馬小隊日誌」として『邦刀遺文』の第一巻（三八六頁）になり、たまさんが斎藤さん、そして姉タケの助力で編んだ勝雄の日記、書簡、家族の追想、戦友らの寄稿文、年表などが第二巻「二・二六事件　對馬勝雄記録集」（五五六頁）に結実。悲願の本は一九九一（平成三）年六月に上梓された。

腎臓が悪く人工透析を受けていた久吉は、初稿のゲラを見る刹那に倒れ、翌々年に八二歳で逝った。斎藤さんは若い時に結核を病んで片肺の低肺患者となり、酸素吸入と三度の入院をしながら本作りをした（二〇〇五年、七八歳で死去）。二・二六事件と人生で関わった人々の壮絶な闘いの末に『邦刀遺文』（五〇〇〇部発行）は世に出た。それを契機に、事件に関心を持つ人やメディアの取材者がたまさんに「話を聴かせてほしい」と全国から訪ねてくるようになり、彼女の「語り部」としての余生が始まった。あるいは、そのために生かされた人だったのかもしれない。

「何故八〇年近くなる程昔の事件なのにと思ってましたら、今も事件の本意が判らない、と云う事です。新聞もさし止めで細《く》わしい事は全く発表されませんでしたので、追究すればする程深入りしてゆくようです。そして私の所にも「話を聴きに」来るようです。有難く思っています。そう云う方々は本当に真剣ですので」

「其処で私も悩みました。心が落ち着かない何十年だったのです。でもやっと何もかも判りました。あまりに潔癖な将校達の心に、むしろ唖然としました。他の人々も同じ心で亡くなったと思いますが、兄は汚い政治家や軍人に、たえられなくなったのです。上層部が汚れていては国が亡ぶと判ったのです」

たまさんから筆者は七〇通以上の手紙をいただいた。これは二〇一四年五月二六日付の手紙の一節だ。事件から八〇年余りにわたり苦しんだ、彼女の心の軌跡が語られている。

「軍人とは死ぬ事となりと判ったのは、幼年学校の時すでにきがついたのです。十代でもう死に方を考えていたとは考えもできませんでした［中略］自分の子供を売って迄、苦しい生活をしている農家、其の農家の兵士の血によって、［満州などの］利益を守る財閥や政治家を、どうしてぢーとして眺めている事が出来たでしょうか」

「だん〳〵拡大していく戦争に心を痛め、又［青年将校］運動に参加したようですが、すでに遅くこの国はほろぶと益々心を痛め始めて、声をかけられた同志に参加、命を捨てる決心をしたようでした［中略］身動きの出来ない有様。一人では解決できそうもない国の姿、どんなに心を痛め、まよったことでしょう。こゝで命を国のために、と思い始めました」

「兄は、自分の行動が友人知人に笑われるのも承知していました。それが判っていても国がほろぶのを黙って見てることは出来なかったのです。国を守る事が仕事でしたから。又兄は、刑を受けるのは当然で法は曲げられない共書いていました。国を守れない軍人は死より他にありません。私は満足して去った兄の心が判って、やっと心がおだやかになりました」

たまさんの墓参りをする多美恵さん。
2021年6月23日、弘前市

「青い鳥は自分の心の持ちようでした。それを知らずに探して暮らして来ました。一〇〇歳になってやっと判ったとは恥ずかしい限りですが心はおだやかになりました。死を恐れてはいけないと云い聞かせてます。自分は十代のころの兄に笑われると思い始めました。こう決心がつくのが遅すぎましたが、しあわせです」

一〇四歳の誕生日を過ぎてもＮＨＫの取材を受けるなど元気だったたまさんは、津軽の長い冬を乗り越えた二〇一九年三月に肺炎を発症し、四月に背中の痛みを口にしながらも気丈に暮らした。倒れたのは六月八日朝。吐血と激しい痛みを訴え、自宅で闘病に入った。私が見舞いに訪ねた同月二〇日、土産のサクランボを一粒口に含んで微笑み、その日を最後に意識をなくして二九日に穏やかに逝った。ようやく「しあわせ」の心境を語ったたまさんが、しかし、生涯の最後に残した形見は本書冒頭で紹介した陸軍衛戍刑務所の処刑の朝の絵だった。

あの朝、一発の銃弾に引き裂かれた兄と妹は、八十余年の時を越えて再会できたであろうか。

参考文献

主な引用・参考文献は本文中に記載したが、その他の主要参考文献は下記の通り。

・筒井清忠『昭和史戦前期の政党政治――二大政党制はなぜ挫折したのか』(ちくま新書、2012)
・筒井清忠『戦前日本のポピュリズム――日米戦争への道』(中公新書、2018)
・『現代史資料　国家主義運動1〜3』(みすず書房、1968〜74)
・『現代史資料　満州事変』『同　続・満州事変』(みすず書房、1964〜65)
・大蔵栄一『二・二六事件への挽歌　最後の青年将校』(読売新聞社、1971)
・岸本繁一『昭和初期の国家改造運動と大岸頼好――その思想と行動』(『高知市立自由民権記念館紀要』No.19、2011)
・高橋正衛『二・二六事件――「昭和維新」の思想と行動』(中公新書、1965)
・鬼頭春樹『実録　相沢事件――二・二六への導火線』(河出書房新社、2013)
・岩井秀一郎『渡辺錠太郎伝――二・二六事件で暗殺された「学者将軍」の非戦思想』(小学館、2020)
・北博昭『二・二六事件全検証』(朝日新聞社、2003)
・池田俊彦『生きている二・二六』(文藝春秋、1987)
・須山幸雄『二・二六青春群像』(芙蓉書房、1984)
・須山幸雄『西田税　二・二六への軌跡』(芙蓉書房、1979)
・新井勲『日本を震撼させた四日間』(文藝春秋、1986)
・田中惣五郎『増補版　北一輝――日本的ファシストの象徴』(三一書房、1971)
・松沢哲成、鈴木正節『二・二六と青年将校』(三一書房、1974)
・『検察秘録　二・二六事件Ⅰ〜Ⅳ(匂坂資料)』(角川書店、1989〜91)
・『検察秘録　五・一五事件Ⅰ〜Ⅳ(匂坂資料)』(角川書店、1989〜91)
・池田俊彦編『二・二六事件　裁判記録　蹶起将校公判廷』(原書房、1998)
・原秀男『二・二六事件軍法会議』(文藝春秋、1995)
・保坂正康『五・一五事件――橘孝三郎と愛郷塾の軌跡』(中央公論新社、2009)
・小山俊樹『五・一五事件――海軍青年将校たちの「昭和維新」』(中公新書、2020)
・島田俊彦『満州事変』(講談社学術文庫、2010)
・『日本の戦争1　満州国の幻影』(毎日新聞社　2010)
・山室信一『キメラ――満州国の肖像』(中公新書、2004)
・宮下隆二『イーハトーブと満洲国――宮沢賢治と石原莞爾が描いた理想郷』(PHP研究所、2007)
・佐高信『黄沙の楽土――石原莞爾と日本人が見た夢』(朝日新聞社、2000)
・川田稔『昭和陸軍全史1　満州事変』(講談社現代新書、2014)
・中野雅夫『昭和史の原点』(講談社、1972)
・田中健之『昭和維新――日本改造を目指した〝草莽〟たちの軌跡』(学研プラス、2016)
・池田諭『日本の右翼――開かれたナショナリズム』(大和書房、1970)
・綱澤満昭『近代日本の土着思想――農本主義研究』(風媒社、1969)
・滝沢誠『権藤成卿』(紀伊國屋新書、1971)
・坪内隆彦「忘却された経済学――皇道経済論は資本主義を超克できるか」(拓殖大学日本文化研究所『新日本学』第20号、2011)
・淡谷悠蔵『なつかしの青森　庶民の歴史』(東奥日報社、1974)
・秋田義信『みちのく農民譚――明治〜昭和の米・りんご』(日本経済評論社、1990)
・鈴木守『本統の賢治と本当の露』(ツーワンライフ、2018)
・遠藤純「戦時下における宮沢賢治の受容」(『国際児童文学紀要』第16号、2001)
・歴史教育者協議会東北ブロック『語りつぐ東北と十五年戦争』(三省堂、1997)
・『新庄市史　第五巻　近現代下』(新庄市史編纂委員会、1999)

あとがき

波多江たまさんの『記憶のノート』や兄対馬勝雄の遺文、写真などを託され、本稿執筆のための資料整理を始めた時から、筆者は机の上に一枚の写真を置いた。

弘前のリンゴ畑に白い花が満開の晴れた日、残雪をいただく岩木山を背に、たまさんが歩いている。初めて取材させてもらった新聞連載の記事を飾った写真で、当時八四歳だった。彼女もこの写真を気に入り、亡くなった後の葬儀の祭壇にも供えられた（写真はカバー裏掲載）。

本書は『引き裂かれた時を越えて――二・二六事件に殉じた兄よ』の原題で、新潮社「フォーサイト」に一六回（二〇一九年八月一五日～二一年六月一九日）にわたって連載された。二・二六事件という戦前の昭和史の暗黒部分にあり、いまなお多様な角度の書物による「発掘」が続いている題材ながら、歴史の迷い子になることなく筆を進められたのは、たまさんの『記憶のノート』や、折に触れて読み直した七〇余通の手紙の導きのおかげだった。

存命中、弘前に訪ねるたびに録らせてもらった話の録音もあらためて聴いた。その間いつも、机の上の写真とともに、たまさんは私のそばで対話をしてくれている気がした。その人をいつも思い、語っている間は、亡き人も忘れられることなく等身大で生き続ける。二・二六事件の語り部となったたまさんにとっても、勝雄は遠い他界の人ではなく、いつも傍らにいて、妹を励まし続ける存在であったに違いない。

二・二六事件を扱った多くの書物では名前だけ記された勝雄を、「津軽義民」と深い哀惜を込めて呼んだのは『私の昭和史』の著者で同志だった末松太平氏だ。いま、兄を思う妹の生涯を懸けた追慕の叫びが、その面影と肉声と生きざまをはっきりとよみがえらせた感慨を筆者は抱く。それは、夜の海に向かって火を焚き、非業の死者の魂を大声で呼び戻した、東北の浜の古い家族儀礼をも思い起こさせる。

新聞記者を卒業後の私は、復興いまだ遠い東北の被災地の取材を続けている。地域でさまざまな痛みを抱える当事者の声の伝え手、ローカルジャーナリストを名乗って。たまさんもまた、最愛の兄を喪った悲しみを語ることすら禁じられ、軍の理不尽への抗議の声も上げられず、心の血を流し続けた人だった。出会いから二二年後の本の出版も、ローカルジャーナリストの役目だったと受け止めていただけたら幸いだ。

本書の出版に当たり、長い取材を支えてくださった波多江多美江さん、温かなご協力をいただいた青年将校らの遺族会「仏心会」の安田善三郎さん、今泉章利さん、たまさんとの約束を叶えてくださった「フォーサイト」前編集長の内木場重人さん、ヘウレーカの森本直樹さんに心からの感謝を申し上げる。

二〇二一年八月

寺島英弥

著者紹介
寺島英弥（てらしま・ひでや）
ローカルジャーナリスト、尚絅学院大学客員教授
1957年、福島県相馬市生まれ。早稲田大学法学部卒。河北新報社編集委員、論説委員を経て2019年から現職。02~03年にフルブライト留学で渡米。東北の暮らし、農漁業、歴史などの連載企画を長く担当し、「こころの伏流水　北の祈り」（新聞協会賞）、「オリザの環」（同）などに携わる。11年3月以来、東日本大震災、福島第一原発事故を取材。朝日新聞社『ジャーナリズム』、新潮社「フォーサイト」に被災地をめぐる論考、ルポを執筆中。ローカルメディア「TOHOKU360」同人。ホームページ「人と人をつなぐラボ」http://terashimahideya.com/
著書に『シビック・ジャーナリズムの挑戦――コミュニティとつながる米国の地方紙』（日本評論社）、『地域メディアが地域を変える』（共著、日本経済評論社）、『被災地のジャーナリズム――東日本大震災10年　「寄り添う」の意味を求めて』『東日本大震災　希望の種をまく人びと』『福島第1原発事故7年　避難指示解除後を生きる――古里なお遠く、心いまだ癒えず』（以上、明石書店）、『悲から生をつむぐ――「河北新報」編集委員の震災記録300日』（講談社）他がある。

二・二六事件　引き裂かれた刻《とき》を越えて
青年将校・対馬勝雄と妹たま

2021年10月12日　初版第1刷発行

著　者　寺島英弥
発行者　大野祐子／森本直樹
発行所　合同会社 ヘウレーカ
http://heureka-books.com
〒180-0002　東京都武蔵野市吉祥寺東町 2-43-11
TEL : 0422-77-4368
FAX : 0422-77-4368
装丁　末吉　亮（図工ファイブ）
印刷・製本　モリモト印刷株式会社

ISBN 978-4-909753-11-3　C 0021